能
见
度
**visibilité**

法国史

吕一民　主编
张　弛　执行主编

谣言如
何威胁
政府

法国大革命
前的儿童失
踪事件

LOGIQUES DE LA
FOULE,L'AFFAIRE DES
ENLÈVEMENTS
D'ENFANTS,PARIS,1750

【法】阿莱特·法尔热
雅克·勒韦　著

杨磊　译

浙江大学出版社
ZHEJIANG UNIVERSITY PRESS

## 图书在版编目（CIP）数据

谣言如何威胁政府：法国大革命前的儿童失踪事件 / （法）阿莱特·法尔热，（法）雅克·勒韦著；杨磊译.—杭州：浙江大学出版社，2017.10（2020.4重印）

书名原文：The Vanishing Children of Paris:Rumor and Politics before the French Revolution

ISBN 978-7-308-16418-4

Ⅰ．①谣… Ⅱ．①阿… ②雅… ③杨… Ⅲ．①法国大革命-研究 Ⅳ．①K565.41

中国版本图书馆CIP数据核字（2016）第280035号

"LOGIQUES DE LA FOULE, L'AFFAIRE DES ENLEVEMENTS D'ENFANTS, PARIS, 1750"
By Arlette Farge & Jacques Revel
©Hachette, 1988

**谣言如何威胁政府：法国大革命前的儿童失踪事件**

（法）阿莱特·法尔热 　（法）雅克·勒韦 　著
杨　磊译

---

| | |
|---|---|
| **责任编辑** | 谢　焕 |
| **责任校对** | 仲亚萍 |
| **封面设计** | 城色设计 |
| **出版发行** | 浙江大学出版社 |
| | （杭州市天目山路148号　邮政编码310007） |
| | （网址：http://www.zjupress.com） |
| **排　　版** | 浙江时代出版服务有限公司 |
| **印　　刷** | 浙江印刷集团有限公司 |
| **开　　本** | 880mm×1230mm　1/32 |
| **印　　张** | 3.75 |
| **字　　数** | 84千 |
| **版 印 次** | 2017年10月第1版　2020年4月第2次印刷 |
| **书　　号** | ISBN 978-7-308-16418-4 |
| **定　　价** | 32.00元 |

---

**版权所有 翻印必究　印装差错　负责调换**

浙江大学出版社市场运营中心联系方式：（0571）88925591;http://zjdxcbs.tmall.com

# 序言

是残忍还是善良？我们经常像谈论一个人那样来谈论一座城市。我们观察它的情绪，描述它的性格并赋予它独特的个性。我们像仔细观察一个不可预知的孩子那样研究一座城市。一座城市宛如一名女子，我们需要细致地观察才能揭开其神秘面纱。我们注视着它的生活和呼吸，希望能从中发现它的秘密。

在很长一段时间里，人们已经仔细观察到巴黎这座城市既一目了然又神秘莫测的特性。但是在18世纪，这种对城市无休止的评论开始在内容和用途上发生了变化，评论的目的是获取有益的实用知识。这时市区成了具体研究的主题和实验的对象。行政管理者、学者和政治家们为了更加有效地治理城市，都试图掌握它的奥秘。任何令人不安的不确定因素只有在记录者以及旁观者那里才能找到。尽管如此，巴黎总是出乎专家们的意料，巴黎超脱于他们的分类和归纳，让他们对那些确定无疑的事产生怀疑。他们迟早都必须面对那些他们曾经认为是可以解决的神秘事物：城市，人民，群众。

总体上来说，巴黎的名声一直很好。路易-塞巴斯蒂安·梅西耶（Louis-Sébastien Mercier）毕生作为巴黎的记录者，在他的《巴黎图景》（*Tableau de Paris*，1782）中指出巴黎总体上是"祥和"的，他的这一看法在启蒙时代被广泛接受。日记作者和记者们都认为巴黎人民"天性善良、温和，没有任何反叛的迹象"[1]。但是，这种平和的天性并不意味着冷漠。也许是梅西耶的误解，他认为巴黎人没有任何政治意识，但他观察到的日常行为和种种迹象都表明，巴黎人民已经形成了一种认同：他们用闹剧来回应枪炮或者用连珠妙语来束缚国王的权力。他们用沉默不语来惩罚国王或者用掌声来原谅他。如果他们感到不悦，他们会拒绝呼喊"国王万岁"；反之，他们会用欢呼作为对国王的奖赏。老实人市场（Les Halles）[2]的人民对这些事情有着准确的直觉[3]。但是，这种动态的平衡并不能长久保持。那些致力于观察和预测这座城市反应的人经常被这座城市挫败。他们列举出它的反复无常之处、让他们感到不快的地方和时不时让他们感到愤怒的地方。他们知道，在这个巨大平静的身躯之下还隐藏着不安分的因素。

是残忍还是善良？只需要一件琐事就可以打破平衡，让平静的表面泛起波澜。面包短缺、火灾或者洪灾、街头上流传的恐慌和谣言、一次庆典或斗殴都有可能成为导火索。它的缺点被放大，优点更加突出，这时候的巴黎完全不同于书中的描述。在上述时刻，巴黎才展现出它真正的面目：空间过度拥挤，错综复杂的人际关系网盘根错节却又在不断变化，令人捉摸不透。因此，人们用"乌合之众"作为对巴黎人的称呼，专门指那些占据街道肆意破坏的"群氓"。

---

[1] *Gazette d'Utrecht*, 2 June 1750.

[2] Les Halles，现在译为"中央市场"，在1789年前为Marché de Innocents，译为老实人市场。——译者注

[3] L.-S.Mercier, *Tableau de Paris* (Amsterdam, 1782), vol.1,pp.32-3. Eng. tr. by W. and E. Jackson, *The picture of Paris before and after the Revolution* (Routledge, London, 1929).

我们将尝试叙述此类事件中的一个片段。与所有类似的报道一样，这是一个关于叛乱的故事，它由公开讨论和秘密共同构成。在1750年，巴黎人民聚集起来反抗他们的统治者和警察，指控他们绑架了自己无缘无故失踪的孩子。这项指控令人震惊，事态非常严重。这件事不仅独一无二，甚至有些怪异，毫无疑问这就是为什么在我们之前会有那么多历史学家对这个事件产生兴趣。[①]这个故事告诉我们这个预示着理性取得胜利的世纪也是催生"圣梅达尔的痉挛者"[②]的世纪，一个探寻哲学奥秘的世纪也是催眠术奇迹广泛传播的世纪。这是一个进行各种探索和精神之旅的时代。但是在另外一个层面上，这次叛乱可以被看作是大众和公共权威之间模糊的日常关系的表现。在这些充满戏剧性的行动背后，这次叛乱揭示了一整套从日常生活经验中得出的信仰、价值、行为和人际关系。这个故事既独特又平凡。

巴黎这座城市的面貌十分模糊，这次叛乱带来的困惑使其变得更为复杂。虽然如此，我们还是选择用论述它的文本来研究相关事

---

① A.-P.Herlaut, "Les enlèvements d'enfant à Paris en 1720 et 1750", *Revue historique*, t. CXXXIX,1922, pp.43-61(这仍然是一份基础材料); Ch. Romon, "L'affaire des enlèvements d'enfant dans les archives du Châtelet (1949-1950)", *Revue historique*, 3, 1983,pp.55-95; J.Nicolas, "La rumeur de Paris: rapts d'enfants en 1750", *L'histoire*, No.40,1981,pp.48-57; P.Piasenza, "Rapimenti, polizia e rivolta: un conflitto sull'ordine pubblico a Parigi nel 1750", *Quaderni storici*, 64, 1987, pp.129-51. 我们已经出版了这部初步作品的第一版，in "Les règles de l'émeute : l'affaire des enlèvements d'enfant (Paris, mai 1750)", *Mouvements populaires et conscience sociale, XVI-XIX siècle*, editor: J.Nicolas (Paris, 1985), pp.635-46.

② 指冉森派的神迹，当时人看到有人在圣梅达尔的坟墓前会不由自主地产生痉挛，使疾病得到治愈，从此宣扬圣梅达尔的坟墓有神迹，引发了更多人来此拜访并模仿痉挛希望治愈疾病。——译者注

件，并且尽可能详细查阅那些能够告诉我们这次叛乱始末的档案。我们并不期待从这种缺乏远见的选择中获得新的认知或者对事件的主角进行更细致的描述。相反，我们希望通过这种途径获得一种不同的解释。不同于以往的研究，我们采用了一种更为长远的视角，这样做的目的是将此次事件置于一系列能够使其意义最大化的事件之中。这两种途径都涉及不同程度、不同规模的一系列事件，它们实际上是背道而驰的。它们有着不同的框架、着重点和领域，但是相互之间是可以互补的。第二种方法试图建立起一种可以将叛乱置于其中进行全面审视的大背景。第一种方法则着重于那些构成所有这种类型故事的神秘因素，这些因素不能被归纳和象征，或许是根本无法理解的。我们想了解所有的未知因素，但是材料的缺乏阻碍了我们；我们不想因此退缩，而是希望运用它来掌握事件的本质。对于我们来说，最令人不安的是将一群受恐惧和愤怒支配的乌合之众理性化。

这个没有条理、难以理解的故事是由杂乱无章的证据构成的，我们试着从中去捕捉人们在刚开始的时候的行动和表现。在那一时刻，事件还没有被赋予任何特定的意义，还充满着各种可能性。甚至在对这个事件建立起一种全面的解释之前，这些看起来偶然的行动意味着这类冲突之前已经存在。所有参与到事件中的人都扮演了他们特定的角色，他们好像只是在一个非常熟悉的场景下即兴发挥。我们希望从中揭示出正常的社会结构、价值观及其认同的标志，这些都可以通过叛乱中夸张的口号和行为来理解。毫无疑问，叛乱像一面放大镜一样凸显并歪曲了一般日常生活的场景。尽管如此，故事中的人物还是会本能地将他们个人创新之举编造为日常的行为模式，这种日常行为模式给了他们解释的说辞以及行动的意义。我们除了试图对叛乱进行逻辑分析之外，还想要分辨出这些普遍存在的社会假设。

# 目录

001　　**第一章　叛乱的形势**

011　　　叛乱的片段

021　　**第二章　城市口的秩序**

027　　　麻烦出现

033　　　警察的不端行为

039　　**第三章　反叛的规则**

044　　　城市中的游行队伍

047　　　暴力的类型

055　　　谈判

063　　**第四章　真相与谣言**

073　　　关于儿童的谣言

085　　　关于鲜血的传说

094　　**第五章　不受爱戴的人**

110　　**译后记**

# 第一章　叛乱的形势

　　1750年5月，巴黎处于躁动不安的状态中。这座城市再一次为城中为数众多的贫民而困扰。几个月以来，记录者们持续关注着城市中日趋紧张的态势。两年之前，1747至1748年，饥荒又一次席卷了王国内的一些地区，平日里饥饿的流浪汉大军受此驱使开始了逃荒之旅，绝大部分人最终来到了首都。他们希望在这里寻找到什么？或许并没有什么特别的东西：首都之中一些微不足道的财富，一份工作，一次命运的转机或者仅仅是与同样是处于生存边缘上的人们的接触。但是，他们的出现却成了引发焦虑和不安的最后一根稻草：流浪汉、懒汉、流氓以及其他的无业游民正聚集在公共场所，在路堤和城市的其他地方打牌、玩球。他们当中的有些人用木棍打碎窗户和路灯取乐。危险潜藏在这些为了打发时光而进行的无所事事的举动和恶作剧之下，真正令人感到不安的是他们的群集性。这些声名狼藉的人在巴黎没有任何权利，却占据着巴黎的空间。

　　这不是一个新问题，当局者的应对措施也是一成不变。自从中世纪晚期以来，一整套的镇压机制一直存在并且在危机时刻得到充分的运用。新的权力使之不断完善，警察可以用逮捕、囚禁，甚至有时用强制劳动的方式来清除街头流浪者。1749年的王室法令重申了这些已有的条款。随之而来的是，巴黎人民对低级警察（archers）[1]和巡警（exempts）[2]产生敌对情绪。当群众站在流浪汉一方并获得他们的支持时，这些警察的行动将不可避免地引发小规模冲突。在1749年12月至1750年4月之间，这些镇压措施似乎得到了增强并且执行起来更加严厉。巴黎人民对于这些措施的反应也毫不逊色，在这五个月期间共爆发了15次暴力冲突，相互间隔的时间越来越短。[3]一则谣言开始在城市里传播：警察不仅逮捕流浪汉，而且还绑架儿童向其父母索要赎金。这时的谣言仍然很微弱，以至于当时的日记作者对此没有给予太多关注，尽管他们一直都对城市中的诸多弊病十分警觉。事情到此为止还显得不是那么有趣，直到1750年5月，事情才突然有了转机。

5月1日，在圣劳伦郊区，大约有20多个年轻人聚集在路边的排水沟旁玩乐。一个名叫塞巴斯蒂安·勒勃朗的当值警官奉命逮捕了其中的6人来"以儆效尤"。这些孩子的年龄在13岁至15岁之间。当人们开始反应过来时，整个街区的人都开始警觉起来。一些法兰西卫队[4]的士兵目击了这一事件，他们认为此事事态严重，最后公

① 低级警察（archer）：这个名词在旧制度时期用来指执行警察总长命令的步兵。他们的工作经常是控制穷人，尤其是将流浪汉围捕到"总济贫院"，法国所有大城市内都存在济贫院。

② 巡警是旧制度时期用来指地位最低的警察，英文译作constable。——译者注

③ 此外，克里斯蒂安·罗蒙指出，在夏特莱的档案中，发生在1711年到1766年间的叛乱几乎有一半发生在1747年至1751年间。参见 Ch.Romon，"L'Affaire des enlèvements d'enfants"．

④ 法兰西卫队（Gardes français）：这是一个成立于1563年的步兵团，不允许外国人参加。法兰西卫队是一个精英兵团，是王室总管执掌的军队的一部分，主要驻扎在巴黎而不是凡尔赛。在1789年，法兰西卫队加入了革命者的行列，参与攻占巴士底狱，随后被路易十六解散。

开介入并对抗逮捕。他们亮出刀剑，经过一番推搡、混乱之后，一些人受伤了。但是，当值的警官最终还是将这些孩子关进一辆将他们送往夏特莱监狱的马车里。在接下来的几个小时里，警察和士兵之间的小规模冲突不断增加，事实上，这些冲突在接下来的数天里持续存在。在5月16日，巴尔比埃（Barbier）律师最终在他的日记中写道：

> 这一个星期以来，人们一直在谈论便衣警察在巴黎的多个街区四处游荡，绑架6岁至10岁或者年龄更大的男孩和女孩，将他们装进早已停靠在附近的马车里。这些被抓的儿童中有工人家庭的孩子，也有那些奉命去跑腿或去往教堂路上而在附近游走的孩子。由于警察穿着平民的衣服并且他们探查不同的区域，这项行动起初并没有引起人们的注意。[1]

在同一天，圣灵降临节[2]（Pentecost）前夕，一辆可疑的马车沿着诺奈蒂耶尔大街行驶。马车上坐满了警察和一名当值的警官，他们的行踪很快就被人察觉。一名妇女用手护住她的孩子，大喊"这些无赖正在寻找机会绑架我们的孩子"。一场波及全区的骚乱随之而来，所有人都闻讯赶来攻击这些警察，对付他们的手段极其

---

[1]　*Chronique de la Régence et du Règne de Louis XV ou Journal de Barbier*, henceforward referred to as Journal (Paris,1857), t.IV,p.422.

[2]　基督教节日，为纪念耶稣复活后差遣圣灵降临而举行的庆祝节日，在复活节后第50天。——译者注

残忍。①事实上，这些警察被迫逃往警察局长②罗什布恩的住所避难，那里的当值警官赶过来解救了他们。这次事件造成一人死亡，数人受伤。更严重的是，此次事件波及从玛莱区到大教堂区的所有区域，人们明确地表达了他们的不满。警察的任何举动都会引发恐惧和愤怒。一名躲在啤酒馆的警察无意中听到追捕他的妇女抱怨道："他们中的一个还在这里，这个无赖。我们要抓到他！他必须死。"当他露出头时，他们大喊，"他在这里"，然后就试图攻击他。

在任何时刻，任何人都有可能成为被怀疑的对象。第二天有两位无辜的过路者在波尔舍龙被群众捉住并殴打。仅仅因为他们是闯入这个街区的陌生人。

当晚，一切恢复平静，事态没有进一步恶化，也没有再生事端。整个城市处于恐惧之中，人民忙于武装自己来对抗绑架儿童的人。墙上贴满了学校教师告诫家长提高警惕的海报："警告家长不要让你们的孩子单独去学校，除非有人看护或者将他们聚集在一起，否则一旦有事我们将无法负责。"③在圣热尔韦教堂中负责教育贫苦孩子的教士助手门下，正常情况下本来有85个孩子，结果只到了12人，这12个孩子都"吓得浑身发抖"。各地的人们都自发组

---

① A.N., AD III 7, Prosecutor Gueulette's notes.

② 关于当时巴黎司法系统的一些名词解释如下：警察局长（commissaire de police），隶属于法院，有固定辖区和办公场所，主要负责维护辖区内的治安。警察总长（lieutenant de police），在路易十四时期创立，主要负责向国王报告国内政治局势和治安状况，直接领导巴黎的治安监察员。警长（inspecteur），在1708年由达尔让松侯爵的父亲创立，属于秘密警察，没有固定辖区，主要负责搜集民间信息和舆情。——译者注

③ B.N., mss Joly de Fleury, 1101, fo.248.

织起来。装玻璃工人梅为特拉在40年后仍然记得他父亲与"7个强壮的、肩上扛着一根撬棍的桶匠"一起来到学校将他带走。[①]每个人都有故事可讲，并且在巴黎的每个人都在全神贯注地倾听。

就是在这种恐慌和怀疑的气氛下，叛乱在5月22日至23日真正爆发了。叛乱不止在一个地方爆发，而是分散在多个人们日常工作和生活的地区。叛乱发生在哪里或许并不重要，因为叛乱都是因为微不足道的小事随机发生的，例如一个儿童认为他正在被跟踪、一个警察密探被认出、一个值班警察路过等。暴力在各地都一触即发。人民与警察的冲突像发脾气一样突然爆发。零星的骚乱时断时续，逐渐演变成波及全城的全面叛乱。

5月22日，在巴黎的6个不同街区内爆发了6起严重的冲突。它们互相之间没有联系，它们分布于塞纳河两岸相对独立的区域，叛乱的场面都大同小异。唯一有差别的是参与叛乱的人数和事态的严重程度。从早晨到晚上，下列地区依次爆发叛乱：圣让德拉特兰修道院，圣丹尼郊区，玛莱区的大舍讷街，圣马丁区港口，左岸红十字会区的十字路口以及最后的新桥。

叛乱的开头往往都是相同的：街头事件迅速转变为群体性事件。在一次事件中，一名伤残退伍老兵在荣军院举行完退役仪式后喝得烂醉，强迫一名街头音乐家在四国区的学院外演奏手摇风琴。这种行为使得一些人叫嚷道："他不是一个士兵，他是那些绑架儿童的流氓便衣警察中的一员！"当时围观的群众前一秒还在取笑这位老兵滑稽的动作，听闻此言后立即以向他投掷杂物并试图对他处

---

[①]　Jacques-Louis Ménétra, *Journal de ma vie*, editor: D. Roche (Paris,1982), p.34.

以私刑。他只有选择逃跑才是最安全的。在所有类似的冲突中，人们一呼百应，时刻准备着拿起武器战斗。仆人们聚集在窗边，一有风吹草动就立即下楼，整个街道的人马上全员出动参与追捕。如果一个"窃贼"被抓住，马上就会被拳打脚踢、棍棒相加或者投掷石块。逃命者只有到达一处地方才有一线生机：通常是警察局长的住所。即使他成功逃到了这里，也并不意味着完全受到保护或者摆脱了干系，因为追捕者会包围警察局长的住所并要求局长将他交给他们。像在圣丹尼郊区和圣马丁港口的个案中，当值的警官通过与叛乱者谈判平息了骚乱。但是，在更多的情况下都充满着暴力。根据警方的说法，叛乱人群的规模达到四千到五千人，他们砸毁门窗，破坏公物，搜刮当地的商店寻找武器作战。当然，这其中也必然有趁火打劫，但只有在一起事件中事态才进一步扩大。几伙年轻人离开了正在发生冲突的德拉卡兰德尔大街，没能成功闯入圣米歇尔桥的武器店。一名目击者事后确认，这些年轻人喊着"我们需要用枪立即杀了这些恶棍"。[①]叛乱者慢慢散去，直到第二天凌晨3点巴黎才重新恢复平静。

　　翌日，5月23日，星期六，在圣三一节[②]（Feast of the Holy Trinity）的前夜，叛乱再度爆发。这一次，叛乱集中发生在包括圣罗克教区在内的右岸的一个区域内：在圣端诺累市场和罗亚尔宫之间。叛乱持续了一整天，暴力愈演愈烈。从警方的档案和相关法律文件对这件事情来龙去脉的记载中，我们很难知道最初是什么事件使得叛乱者群情激奋。事件的开端似乎是一名叫作拉贝的警察试图

---

① A.N., X2B 1367.
② 圣灵降临节的第一个周日。——译者注

在玛丽桥抓捕一名11岁的男孩。这个场景恰好被法兰西卫队的一名鼓手发现并发出了警告。一群人立即赶到现场解救了那名男孩，然而这名警察却逃脱了。但是对于拉贝来说，这只是一次漫长追捕的开始，他最终在晚上死于谋杀。

他将追捕他的的人引向了他所属的辖区：圣端诺累市场，希望在此能够得到庇护。事后证明这是一步昏招，他马上就被人认出来并被追捕。拉贝在两次摆脱叛乱者后最终被困在一间阁楼里，藏身于床下。当值的警官在他即将被处以私刑前及时赶到并解救了他。他随即被送往附近的德·拉韦尔热局长的住所。拉韦尔热发表声明说这次逮捕是有备案的。但是群众对此很不满意，场面开始混乱。过了一段时间，局长在审理法官（examining magistrate）的面前就当时的紧张态势给出了他的解释，他的表述像是在打官腔：

　　……我们进行了调查，向当时在场的人询问有谁知道这件事的来龙去脉。有人告诉我们说，这个人（拉贝）在早上抓捕了一名妇女的孩子。随后，我告诉当值警官把书房的门打开，问他们有谁知道那名妇女，当时有好几个人说已经派人去找她了。随后我用一种所有人都能够听明白的方式回答了他们："我的朋友们，我将主持正义，将此人（指拉贝）送入监狱。"他们看起来对此十分满意，没有在警局内再为难我们。我从窗户向外望去，只看到一群愤怒的群众和我们十几名在场的当值警察，我告诉在场的一名中士，让他告诉街上的人群，我们将要把这个人送往监狱。但是，那名中士马上回报说街上的人不听他的解释，他们只想杀了拉贝。当值的警官意识到自己势单力孤后，关闭了囚车的门，但随即被人群打破。人群中有几个人将拉贝带到我们面前，命令我们退回到警局，如果人群强行闯入，他们也无法保证我们的安全。从我的住处望去，人群在打破囚车的门的同时也破坏了邻近酒馆的门，这使得警局与街道之间没有任何阻隔，人群开始向我们投掷石块。当值警察用刺刀指着人群与他们对峙，警惕地防止他们闯入，突然人群之中有人从门底下开了两枪。当值警察开了一枪，人群中又传来一声枪响，警官随即开了两枪，正是这两枪驱散了人群，他们开始到处施暴。当愤怒的人群开始用手撕扯拉贝时，当值的警官决定将拉贝送往警局而不是送去监狱，一部分警察认为自己孤立无援、自身难保，逃到了另外一侧。后来我们才知道，拉贝奋力从人群中挣脱，但在圣罗克大街被重新抓住、殴打，最后被石块砸死……①

但是，拉贝的遇害并不意味着集体复仇的终结。他的尸体被拖到警察总长贝里耶的住所前。贝里耶掌管着巴黎警察局，国王责成他驱逐城市中的流浪汉。叛乱的人群准备上演另一场围困，但是贝里耶成功地从他的花园逃离了人群。一大队守卫恰好在此时赶到增援，迫使叛乱者不得不就此作罢。但是他们仍然没有得到满足。当晚，当警察们用梯子将遇难者的遗体运往太平间时，叛乱的人群一路上都紧紧地跟随并嘲弄他们。

这一整天的叛乱接近尾声的时候，当局者才最终意识到了事态的严重性。在凡尔赛的德吕内公爵是一位事无巨细、一丝不苟的

---

① A.N., Y 13 756, Commissioner de la Vergée's statement.

宫廷生活记录者，他很不情愿地在教士们的钩心斗角和国王的打猎记录的间隙中记录了这件事："最近几天来巴黎还有过几次叛乱……"[1]但是其他的记录者开始更加严肃地看待此事。[2]在接下来的两天里，事态愈发严重。政府感到焦虑不安，不能再将此次事件只交给警察处理。

但是，巴黎在5月24日周日这一天出奇地平静。看热闹的人在叛乱发生现场四处走动。在场的守卫也无法阻止这群充满好奇心的人。此时已经不再是公开叛乱的时机。但是在当晚将近10点的时候，一小群人聚集在位于布杜蒙街女房东洛琳住处的窗下。她曾经是拉贝的情妇，拉贝曾经在这里住过。也许是想起了这个遇害的警察没有进行临终圣事，一种充满嘲弄意味的仪式开始在街头上演。在篝火的光芒下，他们割开了一只猫的喉咙，然后开始模仿宗教仪式。他们用排水沟取来的水将那只猫"祝圣"，唱起了"哀悼经"（De Profundi）和"拯救我们"的弥撒（libera nos），然后在讥讽中将那只猫的尸体扔进火里，威胁说所有警察的密探的下场都会"同这只猫一样"。[3]

随后而来的是战斗后的暂时平静，在此期间，5月事件中的伤亡情况也调查完毕。参与事件的双方都开始谴责叛乱的始作俑者。

---

① Duc de Luynes, *Mémoires sur la Cour de Louis XV (1735-1758)*, t. X (Paris,1862), p.266.

② D'Argenson, *Journal et Mémoires*, editor: Rathery, t. VI (Paris, 1864), p. 202 onwards; *Journal and mémoirs of the Marquis d'Argenson published from the manuscript*, E. J. B. Rathery, 1902; Barbier, Journal, t. IV, p.427 onwards; Eng tr. Collé, *Journal et Mémoires*, editor: Bonhomme (Paris, 1868), t. I, p.170.

③ B.N., mss Joly de Fleury, 1101 fo.215, report of Fontaine, sergeant of the Guard; A.N., X2B 1358, interrogation of P. Defens.

警方着手汇集整理案件的卷宗并且很快指出，"在示威的人群中有一伙强盗在进行煽动"。城中各地都有对抗警长和他们的密探的传言，有些人的名字开始被公开。绑架儿童的谣言仍然在广泛流传，甚至传到了樊尚、巴尼奥莱、维特里以及圣克洛德等郊区，根据卢索警长的说法，"这些极具煽动性的谣言非但没有消失，反而变本加厉了"[①]。

事情仍然悬而未决。5月24日，警察总长、国王律师以及高等法院院长一同开会试图恢复秩序。他们处理的余地十分有限，一方面他们要处理叛乱造成的后果，另一方面也要追查引发叛乱的起因。会议召开后的第二天，高等法院发布的裁决书充分证明了此次事件的复杂性。[②]参会的高等法院法官（councilor）塞韦尔负责从三方面展开调查。他试图深入调查叛乱，从中找到引发暴力行为发生的时间节点，"找到那些散播奉命绑架儿童的谣言的人"，他们应当为之后听信这些谣言而产生的一系列暴力冲突负责，最后还要同时调查一下是否真正有绑架儿童的人。高等法院还发布了一系列旨在恢复首都内秩序的公告。

至少可以说，这份裁定是模棱两可的，它在试图处置这个充满恶意的谣言的同时，还假设谣言可能是真的。在公开审理的结果出来之前，高等法院的裁定必须如此，既要顺从当局的意愿也要消除

---

① B.Arsenal, Arch. Bastille, 10137, Inspector Roussel's register, 23 May 1750.

② 高等法院（parlement）：法国总共有12个高等法院，其中巴黎高等法院最为重要，它的司法辖区覆盖整个国家的三分之一。高等法院首先是法庭，但也有大量的管辖权。到了18世纪，高等法院的官职都是可以买卖并且可以世袭的。它们在政治上的权力是有限的，国王有将他的权威施加于它们的最终权力。

民众的恐慌。从那时起到7月初，采集到的证据既包括从案件发生时及后续中直接搜集到的证据，也包括从惊慌失措的父母、儿童等其他目击者口中，我们得来的一整套证词。这些翔实的证据为我们今天理解整个事件提供了大量的信息。[①]

### 叛乱的片段

接下来的这份关于巴黎1750年叛乱的报道增补了之前已有的记录。[②]这个故事可以随意被简化或者添油加醋。这份报道的资料来源是真实的、有据可查的，但是它不可避免地带有欺骗性，因为这种报道通常都会将真实叛乱中的零星事件重新捏合在一起，使之变得连贯而有序。根据事件发生的时间顺序进行书写会不可避免地隐含着一个叙述的顺序，一连串事件如果有了开头和结尾必定会存在逻辑关系。在讲述这个故事的过程中，无论这个暗含的顺序有多么隐蔽，它都会明显不同于1750年5月那些天的真实经历。事件当中真正的主角往往都是目光短浅的人，他们只看到亲自参与的战斗或叛乱，很少看到那些远离他们熟悉环境的事。这种对叛乱最真实描述的最大问题在于它很难完整叙述整个事件。这类事件很容易被贴上标签，事实上，在叛乱发生之初对此就有了多种解释。诸如此类的事件犹如池塘中冒出的气泡，使巴黎平静的表面泛起波澜，总而

---

① 大量的信息汇集在国家档案馆的X2B 1367至 1368 系列以及国家图书馆 Joly de Fleury 全集，档案编号1101-1102，存有警方和调查的记录。

② A.-P. Herlaut从塞尔韦运官的审问记录给出了关于这次叛乱的最全面的记述，参见"Les enlèvements d'enfants"；Ch.Romon的"L'Affaire des enlèvements d'enfants"增添了一些非常有用的细节，我们同样感谢Paolo Piasenza允许我们参阅一部即将出版的作品。Romon书中关于巴黎叛乱的地图参见原书第68页。

言之，很难有一个全面的描述。

事实上，一些当时的报道者认为没有必要对细节加以描述。5
月29日的《阿姆斯特丹日报》对巴黎事件的报道十分简略。在这份
简短的报道中，我们无法知晓叛乱的真正规模，很明显，个中详情
被认为是不重要的。从此次事件中得到的政治教训已经超过了事件
本身：

> 巴黎　1750年5月25日
>
> 国王于周五从舒瓦西返程，今天抵达并将在这里停留三
> 天。王后已经从数日之前感染的风寒中痊愈。
>
> 巴黎　1750年5月29日
>
> 在首都的多个地方发生的群体骚乱是因为一则由心怀不轨
> 的人散播的虚假谣言产生的，他们宣称一些人正在奉命绑架儿
> 童，此举的目的是扰乱公共秩序。直到本月23日，这些暴徒仍
> 在作乱，高等法院院长已经于当天前往凡尔赛参加一个由国王
> 亲自主持的特别御前会议。在25日，高等法院召集会议，法庭
> 宣布以下法令：（法令全文已经在前文引用）。
>
> 国王在24日前往舒瓦西，现在正返回凡尔赛参加一系列圣
> 餐礼。

《阿姆斯特丹日报》的报道强调了维持秩序。它没有提供关
于叛乱本身的任何事实或背景，只是在一味地归罪，这为高等法
院即将采取的司法行动提供了合理解释。在6月2日，由靠近上层
的人在巴黎出版发行的《历史与政治信使》（*Mercure Historique et
politique*）对整个事件进行了一番明显不同的描述。这份报道习惯

性地采用信件的格式，提供了更多的信息：

> 最近，这座城市公众的目光已经聚焦到了一次骚乱上，事件的起因微不足道，但是如果没有这些及时的镇压措施，这次骚乱将会造成灾难性的后果。低级警察毫无缘由地在街上绑架儿童，他们的处事方式十分残暴、鲁莽，这引发了玛丽桥附近的叛乱，叛乱像闪电般波及圣安东街。叛乱从这两个熙熙攘攘、人口密集的地区扩散到两个毗邻的街区，很快整个城市都卷入其中。在那种情况下，人们很容易做出过激的举动，趁火打劫在所难免，当地守法的居民关闭了商店和房屋待在家里。20个步兵和骑兵守卫中队在没有接到最高命令之前无法驱散叛乱的人群。他们被迫开火，造成1人死亡，12人受伤。在兵力加倍过后，叛乱开始被镇压，直到夜幕降临之前事态才最终平息。此事已经在高等法院以及御前会议上得到处置。

这份报道敷衍了事、充满偏见，但是它涵盖了记录着那个时代的光怪陆离、悲欢离合的故事的所有典型特征，这些故事经常出现在小贩的传单和小册子上：少数"真"相，警察进行迫害的故事，一个容易辨认的地点，再点缀上一些亦真亦假的细节，这就足以成为在任何地方发生的任何叛乱故事的基本框架。在《信使》中的信件没有表明到底发生了什么，而是勾勒出一个叛乱全局性的框架，再往里面加上一些真假难辨的细节。为什么没有人想知道更多？他们能够知道什么？记者通常的回答是"的确是发布了一些关于叛乱的法令和判决，除非你有想进一步了解的愿望，否则我是不会向你透露相关细节和后续事件的，只有我得知你有想追踪事件进展的愿望时我才会报道"。

这些报纸当时行文仓促。此外，它们还受到政治力量直接或间接的控制，很多报纸实际上根本没有对此事进行报道。我们仍可以从草根阶层的记录中找到所需的信息。由高等法院主持的司法调查的目的在于从所有此前在叛乱发生现场的、身份经过核实的人口中直接得出记录。这些信息讲述了故事的另一个版本。这是一份由目击者的证词和调查法官询问的问题组成的零碎记录。此外，这份记录显得十分碎片化，这是因为这份记录只是搜集到的个人口述的只言片语，这些人对于细节过多的描述令人感到更加困惑。

这些目击者随时都注意将自己置身于事外。一个名叫阿德里安娜·布歇的鱼贩，5月23日当天在盲人收容院（Quinze-Vingts）的市场，她没有否认当时目击到了"打斗"。她不认识拉贝，但承认看到了拉贝"满脸是血，穿着一件红色的夹克或上衣"。他从肉铺另一边的通道逃跑，人们追着他涌进了市场，一时间人满为患。这些细节是精确的，场景是真实的。但是当法官接下来问道："这个人后来怎么样了？"她狡猾地表示既没有看到任何事也不知道发生了什么事。"我没有看到他从房子里走出来，是因为我当时在忙于保护自己的生意。"[1]这种推脱的策略同样被克洛德-约瑟夫·弗里宗运用，这个年轻的学徒目击到拉贝死亡的场景。他的确看到拉贝正在遭到攻击，但是"这种场面吓得我魂不附体"，所以他扭头就跑，"不久拉贝就死了，我看到他的尸体被拖到贝里耶大人的住所"[2]。

[1]  A.N., X2B 1367, interrogation of Adrienne Boucher, 8 June 1750.
[2]  A.N., X2B 1367, interrogation of Claude-Joseph Frizon, 19 July 1750.

这是一种简单的策略，一个人知道得越少就说明这个人没有卷入其中。一个叫约瑟夫·雅凯的马车夫被指控参与了在罗什布恩局长住所前的骚乱，他采取了这种最简单的策略，他宣称"我没有干任何事，也没有在巴黎看到任何叛乱和冲突，即使在圣端诺累大街也只是看到了一具尸体"①。虽然有时候目击者会隐约地承认他们当时在事发现场，但是他们不愿指认在场的任何人。当时也在现场的女房东玛丽-弗朗索瓦兹·勒孔特的例子最能说明这一点。在那样一个人口密集、鸡犬相闻的社区，没有人会一直是一个陌生人，她看到了发生的一切事，但她仍然宣称"不认识任何人，当时只有一些衣衫褴褛的成人和男孩还有其他不认识的各色人等"[1]。很明显，目击者最主要的目的是不要在询问中透露任何信息。

虽然目击者都心存戒备，但是他们的言论反映了当时现场发生的真实情况。有一个人只能认出一张脸，"他看起来像戴着荆棘冠的耶稣（Ecce Homo）"。另一个人则回忆起被撕破了上衣的颜色。这些真相总是在报道中偶然出现，互相之间没有任何联系，在那种千钧一发的时候，紧急的事态使他们不可能记起所有的事。法庭的书记员一丝不苟地记录了所有这类只言片语："他过去看发生了什么事，听到有人说这个人偷了一个孩子。""他只是跟着人群听到有人说这个人藏在女房东的家里。""他对整个叛乱一无所知，只听到所有市场内的妇女都在谈论这件事。""她在洗衣房听到有一个叫尤斯塔歇的女人……"这份记录一部分是传统的口耳相传式的街谈巷议，一部分是大量随机的细节，它们不加分类整理地堆积在一起。所有的记录都具有同等的价值，很显然，有一些陈述

---

①　A.N., X2B 1367, interrogation of Marie-Françoise Lecomte, 8 June 1750.

被收录是因为警方有意使之提供更多的信息，这些结论很明显只有仔细检查所有陈述后才能得出。在这些个人的陈述中，没有任何可以辨别出的顺序。整个故事是由一系列真实的或看起来真实的片段构成的。从那些口述中得出的记录仍然是零散的，没有被捏合成一个整体。不同层面的信息还在不断涌现，有时候一个关于姿态或颜色的细节突然出现，它的意义虽然一时间不是很明显但会突然变得重要起来。这些目击者的口述与街头谣言或城中的流言蜚语一样具有自发性和欺骗性，真相与道听途说相互交织在一起。

还有一项重要的信息来源介于媒体报道和目击者的口述之间，那就是当时人的日记和记录。达尔让松（d'Argenson）和巴尔比埃的记录是最好和最丰富的，他们在叛乱发生的第一时间就进行了记录并做出了评论。这次事件对于他们来说不仅仅是一桩新闻，更是他们研究的重要材料。他们没有像新闻记者那样对此不屑一顾，也没有陷入细枝末节之中。与目击者不同的是，这些日记作者从来没有离开他们的书桌。他们的视野没有被眼前发生的紧急事件所局限，他们的目标很明确，就是为这些天发生的令人困惑的事件描绘出一幅连贯的画面并从中得出教训。记录者引用的材料十分丰富，这个特点在他们的作品中反复出现。他们跟随着事件发展的节奏添加新的信息不断改变、完善着整个画面。[1]新信息的流入容易让人联想到小道消息带给人的那种喘不过气来的感觉。"从巴黎得到的消息……""有一则谣言说……""我们刚刚得知……""昨天有

---

① 关于各种流言，参见F. Moureau的解读，Le Journalisme d'Ancien Régimes. Questions et propositions, editor: P. Retat (Lyon, 1982), pp.21-5.

人告诉我……""我从一些信件中得知……"①日记作者依靠这些最新的信息、事态的变化以及不断的修订使得整个故事具有了准确性。作者在记录中经常采用诸如"据说……"这样不确定的语式或套话来处理新闻中存疑的地方。

仅靠这种行文方式并不能提供答案，日记作者还需努力进行整合才能提供一个关于叛乱连贯的叙述。达尔让松侯爵远距离观察了整个事件。从地理上说，他远离5月事件发生时的巴黎，当时他正在自己的乡村庄园中，他能够及时获知最新消息的优势在于他有一个担任警察总长的兄弟。达尔让松当时还远离政坛。这个伟大的贵族哲学家将首都中的叛乱视作是证明自己观点正确的机会。自从辞去在外交部短暂工作的公共职位后，这位前部长就有了一个很深的成见：他毫不留情地公开指责路易十五的统治。他用最严厉的语言来批判路易十五"挥霍无度的混乱状态"以及"国王和他充满欺骗性的统治"。一言以蔽之，达尔让松很容易将这次叛乱解释为一次根本上剧变的开端。过了一段时间以后，当谈论到王国内到处存在的不满时，他将自己的目光转向了1688年的"光荣革命"并预言道："所有的因素都处于不稳定状态。一次骚乱可以演变成一次叛乱，一次叛乱会引发一场全面革命……"②然而，他太过执迷于相信革命即将来临，因此他认为这种不可阻挡的进程可以解释眼前发生的一切。当事态发展不如他预料的那样时，这位固执己见的侯爵很容易陷入犹豫不决中。

---

① D'Argenson, *Journal et Mémoires*, t. VI, pp.101, 208, 205, 206, 201.

② D'Argenson, *Journal et Mémoires*, t. VI, Ibid., p.464.

5月26日：自从我离开后，巴黎经常发生骚乱，尤其是在5月23日，一天之内甚至有4次，它们都与一些儿童被逮捕有关。这着实令人费解。

到了5月27日，他似乎形成了自己对此次事件的解释。"人们仍然认为警察正在逮捕他们的孩子，巴黎的中心和四周同时都发生了叛乱。"这位侯爵显然不太相信民众，但是应该相信谁呢？

5月28日：没有人看起来会相信警察真的没有逮捕儿童，整个事件是惊恐、愤怒的民众想象臆造出来的。在所有的方面都可以提出令人惊讶的问题。起初为什么会逮捕儿童？为什么他们不抓捕强壮的男子和妇女来充实殖民地的人口？换句话说，如果这个故事一点真实性都没有的话，人们怎么会相信？谁会煽动挑起如此频繁、波及如此之广的叛乱？

三天以后他听说叛乱者是受"一些地位在民众之上的人"所操纵，但是他并没有相信这套说辞："我无法解释子虚乌有的事。"在6月18日，他的记录值得注意："人们一时间没有停止打斗、抢劫和呼喊。过去的骚乱经常会在接近午饭的时候停止，但是这次不是这样。"[1]很明显，达尔让松打算在此次事件中自由施展自己批判的才能，事实上他的确这样做了，但收效甚微。他保留的关于此次事件的记录是能为我们提供信息的最好来源之一，但这也使他变得非常犹豫不决。他受到自己认知的束缚，试图找出在背后操纵街头抗议的强大力量，也正因为如此，他无法明确地对整个叛乱提出

---

[1] D'Argenson, *Journal et Mémoires*, t. VI, Ibid., p.202,204,207,216.

一套完整的叙述。

　　巴尔比埃表现出相同的迟疑，但总体上而言，他是另一种类型的目击者。在45年当中，这位专精于司法咨询的高等法院律师一直在记录着巴黎。他是一名显贵，可以出入任何地方，尤其是夏特莱法庭和议会会议。充满巧合和始料未及的是，他对新闻的爱好和天赋帮助他积累了大量关于这座城市的社会学知识。[①]他对这次事件同样感到不知所措，但他是第一个注意到在1749年年末正在发生什么事的人："在过去的一个月，巴黎街头一直有人被劫持……"这并不代表他相信在绑架儿童的传言："这是一种民众的遐想。"巴尔比埃很清楚几个月以来巴黎正在发生一些事情，但是他无法对这次事件进行定性或者分辨谣言与真相。在他的日记中，他经常在同一页中转变态度。前一刻他还在漫不经心地描述着事件："他们说便衣警察在巴黎的多个地区游荡……"随后在下一段他事实上明显将传言当作真相："今天，本月16日星期六，一名儿童被有意地从富尔西街和波沃区带走……"

　　巴尔比埃的日记紧跟事件发展的顺序，沿着官方调查的线索写成。他对于真相的探究使得每天都有新的、相互矛盾的细节出现。这个日记作者试图将整个事件压缩成一个能够给后代讲述的故事，但是他从不指向一种最终的结果。作为一个评论家，他想从那些无法想象的事中找出那些似是而非的事，从那些似是而非的事中找出真相，但无论是绑架还是叛乱对他来说都是天方夜谭。他认为绑架

---

　　① 　Ch. Aubertin, *L'Esprit public au XVIIIème siècle. Etude sur les mémoirs et les correspondances politiques des contemporains (1715 à 1789)* (Paris, 1873), pp.171-92.

一说是不可理喻的："根本无法理解这件事。"叛乱一说使得他此前对于首都的认知产生了怀疑："这次事件尤其特殊，因为巴黎的人民通常是温和、非常和平的。这种动乱已经四十年没有见到了，即使在面包价格昂贵的时候也没有。"

在所有当时的目击者中，巴尔比埃提供了迄今为止最为连贯、翔实的记录。他列出了推动事件发展的因素并在尽最大努力理解整个事件。虽然如此，他的记录建立在不确定性之上，缺乏条理，没有得出任何明确的结论。①

通过一份又一份的材料，原本几乎无法讲述的街头骚乱现在变得没有人知道应该对此做何评论。尽管1750年发生的事件与其他重大事件② 相比显得微不足道，但是我们明白了当时人以及后来的历史学家都会对此事如此感兴趣的原因。

① Barbier, *Journal*, t.IV, pp.401,403,422,424,432,435.
② 最著名的当属达米安行刺国王的事件，参见由P. Retat最近汇编的著作，L'Attentat de Damiens. Discours sur l'événement au XVIIIème siècle (Lyons, 1979).

# 第二章　城市中的秩序

　　总体而言，社会上就维护和平与公共秩序的重要性的问题有着共识，探讨的主题经常在连续不断的、喋喋不休的公共讨论中发生变化。警察、政府、群众以及个人经常谈到维护和平与公共秩序的重要性，并且一直在宣称这两点对于任何一个模范社会的顺利运行都是必不可少的。但是，由于和平与秩序在任何特定情况下都会受到威胁，这只是一种错觉。

　　虽然人们在维护和平与秩序的重要性上有着共识，但这并不意味着每个人在理解这些概念时有着一致的见解。尽管人们普遍希望和平与秩序，但是城市当中相互冲突的利益造成了对有序和无序各种各样的看法，它们有时候是互补的，但更多的时候是相互冲突的。只需恐慌的气氛占据上风或者一次偶然事件打破表面上的平衡就足以使这些分歧浮出水面。一次偶然事件会引发冲突，有时候会产生暴力对抗的举动。事实上，两种关于公共秩序截然相反的观点在1750年5月逐渐形成并产生冲突。当局者将叛乱本身视作是一种引发混乱的威胁，而民众则将之看作在警方引发混乱之后重建秩序的尝试。这些解读相互对立，然而在某种意义上都是有道理的。最具洞察力的评论者，尤其是巴尔比埃律师，试图一视同仁地看待这两种观点。

事实上，叛乱的根源植根于1750年之前。从17世纪末开始，负责公共秩序的当局者一直在关注着城市流动人口的显著增长。在1702年，提到的乞丐数量有9000名；1750年有15000名。为了遏制这股不良趋势，整顿巴黎的司法措施不断增加。这类为数众多的法令和条例表明它们实际上收效甚微，但是当局者一再坚持颁布这些法令说明他们在面对不可接受的现实面前不得不有所表示。对付这些无法控制的大量民众的方法十分简单。在保存下来的手写记录中，来自警方的建议言辞最为激烈，他们一再强调采取"选择和区分行动"的必要性。

选择和区分，这些措辞表明了事态的紧迫性，但当中仍存在着问题。一旦流浪汉被挑出并被孤立，他们的命运仍然有待裁决。驱逐政策只能将他们短时间内赶出首都，因为他们不久之后还会重新出现在巴黎。通常的处罚措施是将他们关进监狱或者送去服划船苦役，实际效果似乎十分有限，这或许是因为，这些措施在一个认为应当对穷人负责的社会中是不受欢迎的。①这种愧疚感或许还可以解释为什么在18世纪初主要的镇压行动（在1701、1702、1709年三个重要法令以及一个1706年的条例）中竟然会将推广社会援助的实验性举动加入到逮捕政策中去。例如，在1709年可怕的冬天之后，乞丐大军涌入已经饱受饥荒和瘟疫折磨的城市，警方试图通过建立公共工厂来改造流浪汉。但是我们也不应该过分强调社会道德的因素，因为官方的法令始终告诫工人、商人和仆人们不要为穷人提供

---

① A. Zysberg, *Les Galériens, Vies et destines de 60,000 forçats sur les galères de France, 1680-1748* (Paris, 1987), p. 72-5. 关于对乞丐群体的管理，参见Ch. Romon, "Mendiants et policiers à Paris au XVIIIème siècle", *Histoire, économie et société*, 2, 1982, pp.259-95.

保护。

　　还有一种解决办法，这种办法可以使王国从这种处境中获得利益的最大化。为什么不招募这些流动人口去北美殖民地进行殖民和开发呢？这种强制移民的想法在摄政王时期[1]形成，在劳（Law）担任财政总监对殖民地大量投资时期尤为盛行。在1717年，一份由海军部长德拉布拉耶起草的运令提议将所有体格健全的流浪汉和乞丐送往殖民地。[2]在接下来的几年里，比赛特勒监狱和其他几个监狱一起制订了一份需要警方注意的不良分子名单。名单上不仅有流浪汉，还有著名的私盐贩子、诈骗犯、妓女以及各种少年犯。在1718年11月，一份命令下达到警察局，督促他们要密切关注这些人以便于"国王可能将所有身体健康有用的人送往殖民地"。1719年的另一份法令进一步明确了这一意图，因为它授权法官可以将所有被判划船苦役的人改判为送往殖民地服务。很多当时被关押的人都要被送往殖民地，包括之前的学徒、工匠以及大批年轻人。最初一直在实行的"区分"政策很快就被遗忘了。在当局和商业团体的双重压力之下，遣送行动处于失控的边缘。在1720年，一系列绑架儿童的事件和随后的骚乱第一次短暂上演，30年后，这份记忆仍然是鲜活的。

　　首都陷入恐慌之中，不仅仅是因为这些镇压措施的规定，更是因为警察执行的时候显得过分狂热："他们不加区分地逮捕所有人。"正是这种甚至在最贫困人群当中也不顾人们身份差异乱抓一

---

　　① 　1715—1723年，由奥尔良公爵路易·菲利普担任摄政王的时期。——译者注

　　② 　B.N., mss Fds Fr., N.A. 9328; M.Giraud, *Histoire la Louisiane français* (Paris, 1966), t.III, pp.252-76.

气的行为引起了整个巴黎极大的恐慌。到处都有儿童被绑架或者被强制移民到北美的消息。在1720年4月发生了一起"反抗警察不加区分抓捕所有人"的骚乱。人们十分痛恨那些受西印度公司金钱诱惑驱使而随便抓人的警察，他们甚至经常罔顾最基本的司法规定，光天化日之下侵犯普遍的人权。当时高等法院秘密委员会深知这种普遍的怨恨："民众有理由憎恨并反对他们，因为这种对于自由的侵犯使得人们一踏出家门就有被逮捕送到密西西比的危险。"[①] 在接下来的几周里，需要一部新的王室法令来解决普遍恐慌的问题，并且尝试恢复双方都能接受的秩序井然的表象。流浪汉被捕之后，他们在命运被决定之前要接受警察的审问。低级警察在公共场合只有在由当值警官带队、穿上制服的情况下才能完成这项任务。这种脆弱的平衡既没能长久地修复民众与警察之间的信任，也没有能成功建立任何普遍接受的基本原则。

因此，在巴黎出现了这样一种情况，潜在的危机时不时地演化成暴力冲突。产生问题的原因在旧制度的最后一个世纪一直没有改变。城市一直吸引着来自边远地区的流民和流浪汉，他们希望在城市中避难，获得一些收入，如果这两点都不能满足，至少可以与其他流浪者同病相怜。无须赘言，这些渴望通常是十分强烈的。这些不断增长的、无处不在的、陌生的人群的出现，在正常情况下已经很不受待见，在困难时期变得令人难以忍受，尤其是在像1725年、1726年以及1738至1741年饥荒支配着首都的时候。光是1747—1748年谷物短缺的谣言就足以散播恐慌的种子。在面临这种威胁的时候，政府和警察显得十分无力。他们经常做超出自身能力范围的

---

① A.N., U 363, Delisle collection. Secret council of Parliament, 1687-1774.

事，在几种相互对立的解决方案中摇摆不定，救济、强制劳役、驱逐以及最终的囚禁等手段几乎同时都在运用。当局者看起来无法决定采取某一种政策，因此允许那些野蛮的、半合法的手段发挥作用，在这个过程中，让巴黎人民之间相互敌视比恐吓乞丐有用得多。

这种不安全的态势变得日益严峻，应当将1749年12月的法令置于这个大背景中看待。这位法令蛮横直接，连最起码的宣称慈善美德的托词都省略了："陛下要求所有在巴黎街头发现的乞丐和流浪汉，无论他们是在教堂里面还是门口，在乡村还是在巴黎周边地区，无论年龄和性别，都应当予以逮捕并关进监狱，这项必要的措施已经耽搁太久了。"这份文件的语气十分强硬，恢复秩序的要求已经超出了首都，波及全国。达尔让松侯爵只同意一半，他在他的日记中讽刺道："一次性在王国内逮捕所有乞丐已经使秩序荡然无存，警察像在巴黎一样在外省采取行动，他们确信流浪汉不会再出现，因为他们将发现自己已经被流浪汉包围了。"[1]尽管法令的意图十分明确，但授权采取的手段却十分不清晰，这为个人解读和见机行事留有了余地。

负责执行这个宏大计划的人无所顾忌、热情满满。警察总长贝里耶是蓬巴杜夫人的宠臣，他靠着她坐上了这个位置。他是一个"新"人，一个"傲慢、冷酷、野蛮"的掌权之人。他很快就遭人憎恶，不仅仅是他个人的原因，还因为很多人一直公开敌视他所依靠的那位无所不能的、深受国王宠信的庇护人。她"希望这个位置完全由她的人来担任。这个人完全听命于她，这使得他从一开始就

---

① D'Argenson, *Journal et Mémoires*, t. VI, p.80, 30 November 1749.

成为众矢之的"①。贝里耶十分热衷于在高位展现自己的能力和自己治理的效率，因此经常错误估计自己任务的规模和界限。

他想迅速得到看得见的结果，为了达到这一目的，他在数日之内组建了一支新队伍。他本人对可能引发的后果不加考虑，他亲自指挥，要求警官和警察处理事件时要迅速、果断。他的职位事实上给了他无限权力，他在警局内部的心腹是他坚实的后盾，"当警长需要他们的时候"，他们必须随叫随到、乐意效劳。在后来官方调查期间，一名警局内的心腹坦言："一个人必须工作，否则就会饿死。"贝里耶十分清楚他手中的权力，并且十分善于利用手下人的贪欲。当有人向他建议说应当按固定的比例向警察发放薪水而不是按抓捕人数的多少时，他严厉回复道："这样对于教士来说是适合的，我不想要吃闲饭的人，我只会在看到货的时候才付款。"在官方的调查中，一位名叫法永的当值骑警解释说："我每天负责向贝里耶大人汇报前一天抓捕的人数，如果因为疏忽错抓了那些有家庭和固定住所的人，贝里耶大人非但没有责备我，反而会表扬我，既然如此，抓捕在广场上玩耍的工匠和资产阶级的孩子就再好不过了。"

实际执行命令的人在证词中一直都承认行动本身的残忍性，也正是这些人最能体会到这样一个政策可能会造成什么样的后果。事实上，他们当中的大多数人在当时都发表了他们的保留意见。但是需要记住的一点是，他们有可能在法官面前为自己开脱而将所有的

---

① Moufle d'Angerville, *Vie privé de Louis XV, ou Principaux Evénements, particularités et anecdotes de son règne* (London,1781), t.II,p.421-2. Eng. tr. by J. O. Justamond, The Private Life of Lewis XV (London, 1781).

指责推给警察总长。他们当中的一些人，尽管最终没有违抗命令，仍然尽最大的努力来保住饭碗。例如，一个名叫当居西的人，他让自己的女儿在记事本上记录了他在法庭上陈述的他在抓捕中的所有细节。[①]

然而，警察总长也需要向支持他的警局证明，在没有得到结果之前他是不会停下脚步的。他很有可能是误读了形势，错误并天真地以为公众是支持他的。毕竟，数个月以来他一直接到家长请求，家长们希望警方替他们管教一下自己品行不端的孩子。最近的几年来，这类请求和拘留法令一直在稳步增长。[②]贝里耶也没有能够认识到个人在解决家庭内部问题时请求他行使家长权力与警察和他们在巴黎街头的临时帮手非法滥用暴力之间的巨大差别，因此才做出了错误的判断。1750年的叛乱完全超越了他的理解范围。

## 麻烦出现

从刚出现骚乱迹象的那一刻开始就产生了两种关于秩序的截然相反的定义，每种观点都有其内在逻辑，虽然两者相互龃龉，但在维护秩序这一点上有着共识。双方经常会相互指责。从巴黎市民的角度来看，儿童在任何情况下都不应该被绑架，即使是以法律的名义。另一方面，警方坚持认为即使释放了儿童并惩罚了那些负责逮捕他们的人也不能证明反抗国王权威的叛乱有任何正当性。但是，

---

[①]　A.N., X2B 1367, interrogations of Brucelle, Faillon, Le Blanc, Danguisy, Hamart.

[②]　A. Farge and M. Foucault, *Le Désordre des familles. Lettres de cachet des Archives de la Bastille* (Gallimard, Paris, 1982).

这两种相互对立的观点都反对动乱，双方都认为城市当中的生活应该是和平、和谐的。正是因为想要维护这种和平局面，警察在整个18世纪才会在首都内频繁出现并采取行动。陛下忠实的臣民们都希望平稳有序。因此任何对这种共同愿望的破坏都必然是蓄谋已久的外部势力造成的。整座城市看起来正在受到威胁。

警方不仅采取行动平息镇压骚乱，还详细汇报了他们的行动，这些汇报既有口头上的，也有最终形成的大量档案、报道以及边边角角上潦草的笔记。这些实时记录风格各异，有些令人身临其境，有些平淡无奇，有些简洁明快，有些喋喋不休。所有的这一切都可以用来构建一幅事件完整的画面，在这当中每一件小事都有其地位和作用。正是通过这些各种各样的警方记录，每天爆发的暴力冲突逐渐从模糊变得清晰，这看起来像是一个更大的阴谋的一部分，因此采取措施进行镇压是必需的。警方试图解释那些不可理解的因素，为了达成这一目的，他们深信自己对此次事件的判断是正确的。作为专业办案人员而不是业余的专家，他们也需要充分的证据来支撑他们的假设，因为他们的工作就是找出犯罪的事实。因此，警方对1750年叛乱的解读不仅仅包含他们亲眼所见的事实，还包括他们所认为的潜在的真相，这个真相可以解释为什么在一次明显的普通抗议中会突然爆发暴力冲突。

他们基本的假设是，出现骚乱一定是有人在背后捣鬼。警方十分清楚是什么激怒了巴黎人民，他们坦率地承认其中的大部分行为确实会如此，他们当中的一些人甚至开始谴责他们同僚的一些举动。但是没有人认为这种观点是这次叛乱的合理解释。因为在他们看来，集体侵略性行为和街头暴力不能从它们自身当中寻找答案，他们在解释这种情况的时候有一整套不可动摇的信念。在这些理论当中，最强有力的解释认为，如果和平受到威胁、暴力突然出现，一定是有恶势力渗透进巴黎社会的结果。法律和秩序的力量通常会十分迅速地识别出这些致命的入侵者。

> 我所获知的一件事令我十分费解，在叛乱进行到高潮的时候，有三四个假装喝醉的人向民众发钱，说道："过来，我的朋友们，给你们6法郎，去买一些扫帚打这些强盗。"如果这是真的，意味着叛乱之中有秘密的领导者。只有时间和进一步的信息才能揭示出此次事件的真相。[①]

尽管检察官格莱特在记录5月23日这则谣言的时候措辞十分谨慎，他仍然不太相信有"幕后人士"在暗地里领导叛乱这种说法。格莱特是精通巴黎法律法规的专家，是一位勤勉的法律事务评论员以及全面记录1750年春季事件的一份回忆录的作者，他的这份记录提供了很多一手资料。很明显，他并不相信有一个蓄意煽动叛乱的人，这种经典解释过于完美、过于难以捉摸以至于难以置信。但是，他也不相信人民会在没有人领导的情况下突然产生暴力行为，因此他在证据当中寻找有前科的人，在这些人当中最有可能找出元凶。

最先被怀疑的人是在1749年法令颁布后逮捕的第一批流浪汉和妓女，他们一直对警察怨恨颇深："有理由相信是一些流氓和强盗所为，他们曾经被逮捕并送到圣路易岛上的法庭接受审判，被释放之后开始向逮捕他们的警察和巡警复仇，污蔑他们绑架儿童去填充殖民地群岛的人口。"这些"坏家伙"只是犯罪团伙的冰山一角，

---

① A.N., AD III 7, Prosecutor Gueulette's manuscript notes.

他们在动荡不安中发展壮大，唯恐天下不乱。格莱特的假设十分简单易懂，事后很多一般民众提供的消息也证实了他的判断。当时在场的卢索警长虽然已经知道了他要找什么，仍然眼观六路耳听八方。在5月23日晚，他注意到在小尚普街的集会可能会有情况："他们说叛乱都是因为一个流氓的一句话引起的，'看，那里有一个绑架儿童的人！'然后一群人就围了上来。"叛乱的背后一定有犯罪团伙，因为他们希望从中浑水摸鱼。卢索进一步说道："我向不同地区派遣了多名人手，他们都反馈说民众的猜疑正在日益增长……我确信这些谣言传播到乡下会吸引更多的盗贼和流氓到巴黎。这些坏蛋和煽动者在过去的四天时间里一直在搬弄是非，怂恿民众传播流言蜚语。"[1]

犯罪滋生新的犯罪，听风就是雨的民众的不安情绪也会因此而不断增加。如果放手不管，整个巴黎都会受到威胁。这些理论一再被提及以至于到了迷信的程度，它们可以解释为什么这些深受自己先入为主观念影响的警察们会到处看到"秘密领导者"和"老谋深算的煽动者"。尽管他们在现实中充分理解事情的复杂性，他们仍然执迷于一定存在着阴谋这一看法。只有对这座民风淳朴的城市严加治理才能保障人民的利益，这种理想观念并没有被抛弃而是在迫在眉睫的问题上做出暂时让步：必须要立即镇压在巴黎城市社会中兴起的恶势力。

熟悉的社会印象突然之间变得疑云密布。警方一再坚持自己关于公共秩序的看法，他们已经无法清楚地区分善恶，哪些动机是邪

[1]　B. Arsenal, Arch. Bastille, 10137, Inspector Roussel's register, 23 May 1750.

恶的，哪些是受蛊惑的。他们将这次叛乱看作是一场突然爆发、毫无预兆的传染病，必须在多条战线上同时出击。很显然某些人群和特定的职业比其他人更加可疑。这些人群一直以来都难以驾驭，更容易受到犯罪分子的侵染，犯罪分子会利用他们在城市的各个角落散布谣言和暴力。在叛乱过去后，普索警长在克莱里街和波旁街做了调查："很难在木匠师傅和雇佣工人当中准确指出哪一个群体罪过更大，因为他们在某种程度上都有罪过。这些人一直以来都难以控制，在这个区域内从他们当中找出一些人杀一儆百是个好主意。"他在空白处加了一条注释："很难找到作证反对他们的人，因为他们互相之间都有攻守同盟，寻找告密者将会徒劳无功。"①在某些特定的职业和街区内部团结一致的看法并不是普索的凭空虚构。他在调查工作进行之前对此有过怀疑，但后来又不得不重新接受这一看法。但正如他无法解释证据的复杂性那样，他也无法解释这种团结性。

所有既有的社会冲突都需要重新解释，并且开始被视作是构成一个更大的颠覆性阴谋的要素。一次在工作中再平常不过的冲突事件，在没有任何进一步证据的情况下，都可能成为参与叛乱的标志。在5月23日，两名工人皮埃尔·图尼耶和尼古拉·帕斯拉在向老板要求涨薪无果后，羞辱并殴打了老板。他们因此被逮捕并带到调查法官②面前，仿佛这个事件不可能是孤立的事件，一定在某些

---

① B. Arsenal, Arch. Bastille, 10137, Ibid., 26 May 1750, Inspector Poussot's observations.

② 调查法官（judge d'instruction）主要负责在刑事审判之前主持调查预审。在调查预审的过程中要搜集和展示主要证据，目击者要接受审问并录取证词。调查法官如果认为证据不足就不会进行后续的审判。——译者注

方面与普遍的叛乱存在着联系。①这种反应背后典型的混乱逻辑说明，在司法界和警方看来，危险不再是局部的而是在整个城市内无处不在的，巴黎人民必须提防自己人。

在这种猜疑遍布的气氛当中，最根深蒂固的偏见重新出现并进一步加深。正如我们所知道的那样，一直以来不安分的地区和职业引人注目，成为最明显、最容易受到怀疑的对象。警察的脑海里萦绕着那些躲在暗地里、神出鬼没的人群。他们看到流浪汉和流氓涌入城市的恐惧加深了他们的成见：在这股人群当中一定有犯罪团伙，他们目无法纪、无法无天，是对社会的一大威胁。这些抢劫团伙无论在想象中还是在现实中都给人以深刻的印象。这些"江洋大盗"的名字从18世纪初开始一直存在。在1750年，警方的档案中仍提到怀疑某个人属于尼韦（1728—1729）或拉菲亚（1731—1733）的帮派。这些帮派无论在现实中还是在公众的记忆中从来都没有完全消失。他们的传奇经历一直活跃在小册子、歌谣和民间传说中，事实上，警方过了二三十年后仍然决心要抓捕他们，这说明他们仍然对这些抢劫团伙有着巨大的影响力，并没有随着时间的流逝而减弱。

为什么这些帮派会令人感到如此恐惧？这些盗贼夏天追随着定期集市，冬天聚集到首都专门偷盗那些季节工的钱财。这种行为并没有什么不同寻常之处。或许对警察来说，这些帮派带来的最大的困扰在于有很多普通民众在背后积极协助他们。在18世纪20年代，外号爱吹牛的菲利普·尼韦在最终被捕之前，在当地民众的帮助下

① A.N., X2B 1367, interrogations of P.Tournier and N. Passerat, 7 July 1750.

数次从警察的包围中逃脱。[1]很显然，由于这些强盗的出现，原来民众与警察之间潜在的对立关系被进一步加剧。但是，主要的问题在于这些帮派建立了一个几乎不可能摧毁的网络。一旦有人被捕或者被杀，马上就有另外一个人出来代替他的位置。作为维护公共秩序方面的老手，卢索警长十分关注那些暗地里潜伏的同伙，他们经常会复兴一个旧的大型犯罪团伙。妇女在他们的社会中扮演了核心的角色。每一个强盗都有妻子、母亲、姐妹或情妇。同样，每个妓女都与一些盗贼有联系。妇女通常在那些因为流放或坐牢而被孤立的强盗之间提供唯一的联系，她们通过自己的方式维系着团伙的生存。警方的调查经常以这些妇女为目标。每一次审问中都会指认出盗贼的女性同伙，无论他们之间的关系是维持一天还是一辈子。每一次警方的突击行动都不会忽视那些著名的妓女和扒手的女朋友，她们是犯罪团伙中最稳定的要素，警方希望通过她们来放长线钓大鱼。事实上，1750年6月和7月对妇女的审问成倍增加，但是毫无结果，这表明审理法官也相信有暗藏的地下势力的存在。

### 警察的不端行为

在叛乱发生后第二天开始的整个司法调查当中，盘问的基本前提假设是群众应当对5月骚乱负责。但是目击者的证词经常提到另外一种解释，警察的不端行为才是所有动乱的起因。同样一份证据可以用于支持这两种截然相反的解释。

正如调查人员试图查明是犯罪团伙在进行颠覆性活动那样，民

---

① B. Arsenal, Arch. Bastille, 10140, Inspector Poussot's register, 1738-1754.

众指出警察内部有"害群之马"的存在，他们的说法并非无中生有。例如，有一名叫安托瓦·塞尔韦的"巴黎人"，他曾经为迪罗和普索两位警长工作多年。这两位警官先后任职，塞尔韦只与他们单线联系，每年能从他们手中获得600里弗。很明显他就是警方的鹰犬和密探，他是如此遭人厌恶以至于一些人认为5月23日被谋杀的人应该是他而不是拉贝。这位"巴黎人"究竟效忠于谁还不是很清楚。当被问到"是否曾经在贡西尔日里监狱或夏特莱监狱坐过牢"时，他回答道："是的，我曾经卷入过拉朗德的案子里，那位拉朗德是拉菲亚帮派的一员，他在一个名叫普洛的人的煽动下，诬告我谋杀，我因此而入狱。"事实上，他并没有杀人，甚至在进监狱之前都不知道拉朗德。拉朗德在被执行车轮刑之前坦白"巴黎人"是无辜的，是普洛因为私人恩怨诬告他入狱的。[①]在这种错综复杂的解释当中我们很难找出事情的真相，但是至少可以说明这些罪状无论是在法官还是在普通人的眼中都是合情合理的。正如许多其他历史时期一样，在旧制度时期警察肯定会随时利用告密者和线人。

那么付给塞尔韦、拉贝以及其他的告密者薪水的普索怎么样了呢？想要以普索向贝里耶吹嘘的粗暴执法方式以牙还牙的群众找遍巴黎城也没有找到他和他的手下。在调查期间，目击者多次提到他的"爪牙"。这个词十分清楚地给普索的所作所为贴上了目无法纪的标签。他的情妇热纳维耶芙·迪翁是他团队中的一员，号称"元帅夫人"。她是一名被警方招安的小偷，主要负责在小商贩中打探

① A.N., X2B 1367, interrogations of Antoine Severt, known as "Parisien", 9 June 1750.

非法言论以及监视妓女。她从来没有将老本行和防止犯罪的活动区分开来，而是将原来偷盗的那一套运用到了新工作之中：暴力、敲诈、窥探以及勒索。她有权力根据自己的意愿将人囚禁或者从监狱里放人。例如，她曾经同意释放一名叫热纳维耶芙·波米耶的妇女，条件是这位因出售违禁传单而被捕的妇女同意当"任由她差遣的奴隶"。"元帅夫人"最终因为她自己膨胀的野心和恶毒的贪欲而自食其果。同时，她和她手下臭名昭著的恶行无人不知，影响到了全体警察的声誉。当拉贝在5月23日那天被人群追赶时，他躲进的那栋楼正是一年以前音索和他的情妇居住过的地方，希望在那里寻找到朋友和庇护。然而正是对"元帅夫人"团伙的憎恨刺激了群众一直追赶到了拉贝的藏身之处。

因此警察在整个城市当中也有令人厌恶、不可告人的网络，他们并不会耻于使用那些毫无疑问是滥用职权的手段。

为什么儿童会在巴黎街头被绑架？据我们所知，这个问题通常会有几种相互对立的答案。但是在所有的说法当中警察都会成为有罪的人，甚至在一些案件当中会证明警察会直接从犯罪活动中获利。巡警们的工资根据他们逮捕的人数通过一个奖金系统来发放。塞巴斯蒂安·勒勃朗在叛乱后第二天被捕，他告诉审理法官他的薪水是按逮捕的人头支付的："每逮捕一个人奖励12法郎，其中他需要额外支付雇佣交通工具的费用以及给每个低级警察15苏，甚至有时候他自己一分钱也得不到。"① 微薄的收入迫使一些警察的眼线

① A.N., X2B 1367, interrogations of Sébastien Le Blanc, 31 May 1750;这则消息得到了低级巡警Jean-Auguste Hamart的证实，A.N., X2B 1367, interrogations of Sébastien Le Blanc, 5 June 1750;同样得到了Brucelle警长的证实, ibid., 3 July 1750.

加紧执行原本就已经十分严苛的命令，以期换取更多奖金。然而腐败并没有随着逮捕而停止。有大量的证据表明，那些被警察传唤的父母需要花费一笔不菲的赎金才能将他们的孩子从监狱中解救出来。玛格丽特·西蒙看到她的儿子和两个玩伴在她眼皮子底下从罗亚尔广场被带走，即使在高等法院法官的庇护之下，她还是花了两周时间和55苏才将她的儿子从监狱里带出来，除此以外她还要支付她儿子被关押期间的伙食费。乔治·巴舍维利耶是一名纽扣制造师傅，同样等待了两周才将他派去跑腿的15岁儿子保出来。他花了"36苏进门，4里弗16苏放人"，即便如此他儿子还是在监狱里因为"睡在稻草上而染上了至今仍未痊愈的疥疮"。巴特雷米·卢卡被迫借钱赎回在监狱里关押17天的孩子。所有的这一切都给法官留下一种强烈印象：一部分警察受利益驱使而没有认真履行他们的职责。举例来说，塞尔韦法官很明显认为这些警察与夏特莱监狱的狱卒之间有特别的交易，尽管他并不能提供证据。

　　警察内部违法乱纪的现象十分严重，而且并非个案。对于一个一直缺乏人手完成任务的治安系统来说，这些陋规或许是维系其运行的必要机制，尽管它在整个18世纪的欧洲都臭名远扬。如果这种为人不齿的勾当突然间成为焦点，并不是因为它们本身是什么新鲜事，而是在1750年它们被视作是那个令人厌烦的新警察系统的象征。[1]

　　到目前为止我们一直将警察视作是一个统一的整体，然而事实上它是由两个独立的部分组成的，它们之间的平衡在那时正在悄然

---

[1]　参考P.Piasenza 在 " Rapimenti, polizia e rivolta" Quaderni storici中的出色分析。但是，我们不像作者那样确信警察在1750年的行动是"正常的"。关于巴黎警察的全面研究，参见A.Williams, The Police of Paris, 1717-1789 (Bâton Rouge, London, 1979).

改变。一部分警察是由特派员构成的，他们是负责巴黎某一个地区行政管理的法官，受高等法院的直接领导。执行法律和镇压犯罪只是他们工作的一小部分，他们在自己的辖区内为人熟知，人们在解决日常纠纷时十分乐意向他们寻求帮助。警察局长的权威建立在他们对于社区的了解之上。

与这些片警相比，在18世纪初由时任警察总长的达尔让松（前文部长、日记作者达尔让松侯爵的父亲）建立起的机构相对年轻。这部分警察无论在职责还是在人员构成上都与之前大不相同，其主要任务是进行镇压。警长系统①成立于1708年，受警察总长的直接领导，后者可以根据个人意愿进行录用。这些警察并不负责某些固定的地区而是专注于处理与公共秩序相关的特殊案件。他们在城市中无处不在，甚至渗透到社会的最底层。他们的活动既有秘密的也有日常的。他们和他们的密探们遍布在每一个酒馆、楼道以及市场。他们通过一个告密者网络来运作，他们可以根据个人意愿选择告密者并支付薪水。这套体制使得警察的情报工作深入到城市的最底层，因为这些告密者们通常都是最熟悉某一社区的人。在18世纪前半叶，告密者网络的扩展以及警察人数的增加，成为无处不在的丑恶象征。警方曾经梦想知道城市当中所有的秘密，但这也使他们自己暴露在大庭广众之下。

---

① 巴黎当时存在两种警察，一种是有固定辖区的警察（commissaire de police），隶属于法院；另一种是没有固定辖区、职责广泛的秘密警察（inspecteur），他们直接隶属于警察总长。一般秘密警察的警长直接向警察总长负责，他们进行秘密活动时往往雇佣社会人员进行。这些社会人员构成复杂，多为社会上的黑恶势力和有犯罪前科的人，他们不是警员，而是属于警长个人的随从。——译者注

公众对于日益增加的警察感到厌恶，在看到警长和他们的鹰犬们接管越来越多原来警察的职责时感到非常不安。至少在以前，他们还有权认可、反对，甚至在必要的时候与类似的机构做斗争。例如，总济贫院的警察以前一直负责逮捕乞丐，他们也因此经常与群众发生冲突。与黑社会不同，这部分新的秘密警察被怀疑堂而皇之地进行各种欺诈行为。警察局长在数个月以来一直在提醒警察总长，人们对秘密警察的不满正在增加。[1]这是在做无用功。被人称为"臭名昭著的黄油先生"[2]的尼古拉·贝里耶凭着他的直觉加紧控制，推行更加严苛的镇压措施，他在不考虑后果的情况下持续施压。因此，1749年11月的法令在本质上与之前的立法并没有区别，但是这次的执行权却交给了令人厌恶的秘密警察手上。贝里耶一心想要成功。他招录了更多的人，向他们发号施令，督促他们要提高效率。在那种情况下压力变得难以忍受。原来为了维护秩序而形成的熟悉约定土崩瓦解。人民与警察处于对立状态，不再将他们视作"他们"的警察。

人们真的认为不分老少地逮捕流浪汉是在首都内进行全面镇压的开始吗？很难说确实如此，但是贝里耶过分的野心让它变得可信。如果年轻的流浪汉与工匠和商人的孩子不加区分地被一起带走，那么没有什么是确定的，一切都变得可能。叛乱中的暴力是对警察不端行为的回应。

---

[1]　Ch. Romon, "L'Affaire des enlèvements d'enfants".

[2]　贝里耶的名字Berryer和黄油（Beurrier）发音相似。——译者注

# 第三章　反叛的规则

在叛乱过后，巴尔比埃评论道：

> 必须惩治一部分人，否则这不但会引发更大规模的叛乱，而且如果对所有的动乱都不加惩治意味着认可人民有潜在的巨大权力。他们在整个事件中占据优势地位，必须谨慎地加以掌控。[①]

到了5月24日，这位记录者发现一些不同寻常的事情已经发生了。在暴力和动乱之中，一些诉求得到了表达，尽管他对动乱表示谴责，还是接受了事实。

很难去评判一次反叛的意义，甚至将它完整地描述出来也非常困难，因为我们很容易只关注动乱本身，被大量细枝末节遮蔽。泰纳由此联想到了1789年革命时暴徒带来的充满仇恨的记忆，而古斯塔夫·勒庞则试图用科学方法分析群体的行为。泰纳出于恐惧写了一份保卫文明的辩护词，而勒庞预言了大众时代的到来并且提供了解决方案，这些方案最终被20世纪的政治家所采用。但是，两位作者都认为群众运动只有当个人意识和秩序概念在集体统一的过

---

[①]　Barbier, *Journal*, t.IV, pp.432-3.

程中被抛弃的时候才会起作用。人们参与反叛，除了聚集在一起以外没有其他的目标。他们在浑浑噩噩的非理性中迷失自我，更倾向于屈从于魅力型领袖。乌合之众的出现仅仅是为了其自身，在其自身存在之外没有任何计划或目标。[1]其他历史学家提出一套完全相反的理论，他们重视参与集体冒险反叛行动中的个人意志。他们认为只有了解了群体的社会构成才能清楚地知道群众运动的意义和作用。[2]下列观点在最近出版的一些书中有所涉及，[3]我们将会在本书中尝试尽可能避免上述两种理论，一种认为群体行为在其自身存在之外没有任何意义，另一种认为只需对群体进行社会分析完全可以忽视事件发展的动态。我们将反抗本身视作是不断寻找意义的持续的片段，意义并不是一开始就给定的，而是逐渐揭示出它真正的含义的。

首先有必要弄清楚谁参与了叛乱。人们往往用"人民"、"群众"以及更常用的"乌合之众"来形容这些参与叛乱的人，仿佛他们是一个集体。这些名词被广泛接受，甚至参与叛乱的人自己在调查中也运用它们，它们并不是用来描述或确指某一个特殊的群体。弄清叛乱中的社会构成原本就十分不容易，更何况是在缺乏目击者

---

[1] 参见S. Moscovici, *L'Age des foules. Un traité historique de psychologie des masses* (Paris, 1981); 参见S. Barrows, *Distorting Mirrors, Visions of the Crowd in Late 19th Century France* (New Haven, London,1981).

[2] 参见G. Rudé's great work of The Crowd in the French Revolution (Oxford, 1959). Fr. tr., with preface by G. Lefebvre (Paris, 1982).

[3] E.P. Thompson, "The moral economy of the English crowd in the 18th century", *Past and Present*, 50, 1971, pp.76-136. 另见N. Zemon Davis, "The rites of violence", *Society and Culture in Early Modern France* (Stanford, 1975), pp.152-87; "The sacred and the body social in 16th century Lyon", *Past and Present*, 90, 1981, pp. 40-70.

的情况下。虽然留下了大量的证词，但是当中的绝大部分都是有偏向的，当事人所说的更像是在自说自话。卢索警长提供了一个这种凭直觉判定社会群体构成的范例，在他5月23日晚上的记录中他遇到了聚集在小尚普街的一群人：

> 我问他们发生了什么事，一些人告诉我有一些警察试图逮捕一名儿童，然而另外一些人说绑架儿童的人已经跑到面包坊里了。我们在走着的时候，人群的规模在短时间内突然增大，这吸引了很多仆人，他们默默地从我们身边走过。

卢索的观点能否被当作是事实？他对巴黎的情况了如指掌，但是他的认知很容易让他陷入盲目的判断中。他和他的同事普索一样，都有着在某些特定的地区和职业中寻找嫌疑犯的冲动。

卢索在书面报告中也提供了一些比较可信的材料，在巴黎发生骚乱的那两天，他命令他的眼线们搜集情报，报告就是在这些情报的基础上写成的。这份报告表面上看起来一丝不苟。他在每个名字旁边都写下了他的线人的观察报告并且列出了每个受访的目击者。尽管表面工作十足，这份报告仍然带有偏见。卢索派他的密探们前往酒馆、收费站以及其他类似的地方打探情报，得到的反馈无一例外都强化了警方之前的判断：有一个犯罪团伙在叛乱中发挥了重要作用。卢索甚至额外添加了一群目击者来提高他对事件判断的说服力。这些人是商人、资产阶级以及"老实的工匠"，他们都谴责街头叛乱并抱怨执法的警察人数太少。这份报告转而分析参与叛乱的人的社会成分并且不出意外地将每个人的角色对号入座。[①]

---

① 　B. Arsenal, Arch. Bastille. 10137, Inspector Poussot's register.

上交给高等法院总检察长的嫌犯名单以及呈送法庭的被告人名单都明确地认可了此前人们对于叛乱的判断。尽管有几个人的名字在两份名单里都有出现，一个很明显的暗示是叛乱是由巴黎人口中流动的、不稳定的那部分人造成的，这些人一直以来都被视作是安全隐患。①真正的罪犯没有被找到，但好消息是找到了一些声名狼藉的人，他们中的一个将要用生命为其恶名付出代价。绝大部分被推定有罪的人都是流落街头的人，包括一些乞丐、流动商贩、流动散工，以及一名沿街叫卖的小贩、一名擦鞋匠、一名轿夫、一名运水工、两名民兵，换句话说，他们是那些在极度贫困边缘生存的巴黎人的代表。尽管大量证据表明有很多工匠，尤其是很多妇女都积极参与了叛乱，然而两份名单对他们都没有提及。事实上，选择嫌疑犯已经表明了对于叛乱的一些判断。

这些嫌疑犯或被告的确出现在叛乱现场，调查也一再表明他们确实有煽动性言论并且他们确实是因为暴力行为而被捕。但是他们都清楚他们并不是参与其中的所有人，只不过是恰好被抓的倒霉鬼罢了。经常谴责这些被告的守法店主、小市民街坊以及老实的工人们，他们也有孩子被警察绑架。事实上这些固定居民才是最先迸发出怒火的人，他们在集会上的呼喊和愤怒点燃了叛乱的每一个阶段，在冲突最激烈的现场一直都有他们的身影。②但是他们的名字没有一个出现在官方的调查中，除了一个名叫路易·德沃的锁匠师傅，下面我们将会看到他在逮捕拉贝的过程中发挥了重要作用。很

① B.N., mss Joly de Fleury, 1101; A.N., X2B 1367.
② 参见Frizon's evidence, A.N., X2B 1367, 18 July 1750; ；另见Langlois' evidence, B.N., mss Joly de Fleury, 1101, 23 May 1750.

明显，这些人由于他们的身份而受到保护。他们是社会上的体面人，警方将他们与那些社会底层大众明显区分开来。他们比那些乞丐们更能说会道，更有办法逃避他们的责任。但是事情远不止如此。事实上，一旦事态平息、紧张局势消散后，这些善良的市民们都急于撇清关系，随声附和警方对于叛乱所下的结论。他们这样做一方面是因为这明显符合他们的利益，另一方面也许是因为他们在怒火和情绪平息之后也很难对叛乱做出判断。他们十分清楚并不只是"暴民"参与了抢劫、掠夺和破坏，事后他们也想不明白自己怎么会参与到包围警察局长住所这种事当中。在当时或许是因为有人提议，大家都想惩罚警察拉贝这个"典型代表"；但是回溯事件的整个过程——包括在街头残忍杀害拉贝，将拉贝的尸体粗暴地剥光作为警示，故意在拉贝的房子前进行嘲弄式的处决，威胁警方，对抗贝里耶，反抗国王——所有的一切完全像是受到了诅咒。这些小市民意识到他们在叛乱的最高潮时的表现实际上与那些暴徒并无二致，他们事后回想起来仍然感到不寒而栗。[①]

　　我们永远无法知道那些参与叛乱的群众的所有细节，它们很明显是很多不相干因素的混合体。即使我们知道了更多，这些知识的用处也不大，因为它无法保证人们在那种条件下一定会那样做，现实情况往往相反。例如，测量员朗格卢瓦在5月23日那天参与了圣端诺累大街的骚乱，陪伴他的是一名传达员和一名音乐家，他无疑是对自己的身份十分满意的一名小资产阶级。他告诉他的两名

---

　　① 　在叛乱的最高潮，两种完全不同类型的叛乱一起出现，一种是"资产阶级式"的叛乱，另一种是"大众式"的叛乱，P. Piasenza即将出版一部关于17世纪至18世纪巴黎警察的著作，里面有新的论述。

同伴："如果你们愿意跟着我，你们将会去我的房子前杀一名警察。"后来朗格卢瓦在贝里耶的两个书记员面前"闻到了血腥的味道"，继续说道："必须像他们杀害平民那样来对付这些强盗。"当另外两个人问他为什么的时候，他回答说："因为你们的主子就是个无赖。"朗格卢瓦在事后还记得自己大放厥词吗？法官无论如何都不会逮捕他，即使他被人公开告发。[①]朗格卢瓦的举动与他的身份地位不相符，或者说他出格的举动不符合警察和法官所预先设想的画面，他们只是把他当作是在发牢骚。

因此，我们不可能像泰纳和勒庞那样得出结论，认为激情和暴力就足以使个人意识和判断在普遍的集体无意识中消失。如果叛乱吸引社会各阶层的人参与其中，并不是因为有人故意煽动，而是因为在这些重复性的行动、口号和行为之外，叛乱给个人提供了一些吸引他进行分享的东西。叛乱当然有共同的目标，除此以外更重要的是在叛乱的最核心之处发展起来的一套话语，这套话语给每个人提供了用自己的理性表达的机会。整个事件像戏剧一样展开，它有一个传统的基本框架，但是会随着演员的临场应变和剧本的改编而改变。事件的发展并不是随机的，而是参与叛乱的人自己在选择他们的定位和表达方式，他们在选择的过程中不断为自己的反抗行为创造意义。

### 城市中的游行队伍

乍一看似乎到处都在发生骚乱。叛乱看起来不成体系，是由一

---

①    B.N., mss Joly de Fleury, 1101, 23 May 1750.

系列在时间和地点上相互孤立的片段组成的，它们不是一连串相互关联的事件而是断断续续爆发的事件。每一次零星的暴动都是由不可预知的、不可控制的孤立事件引发的。尽管有一些嫌疑犯被指控在巴黎的多个叛乱现场重复出现，整个城市从来没有在某一时段内同时发生叛乱。每一个独立的片段都有自己的奇闻逸事，但是将它们放在一起来看就会出现另一个故事版本。除了那些绑架儿童的人之外，共同的敌人经常是那些被人指认出来的卷入其中的警察。有无数的指控和威胁都指向了巡警、警察、警长以及他们的密探们，有时候只要一群警察路过就足以使群众聚集起来向他们施暴。

但是，暴力行为并不是完全杂乱无章、偶然发生的。冲突事件本身是随机发生的，但是在每一个事件当中似乎都存在着一种共同的模式，通常是在游行中达到高潮，最后在警察局长的住所前结束。在5月16日，一群人追逐着向瑞士卫队投掷石块，他们从圣安东郊区一直追到了鲁斯洛局长的住所。人群在圣拉扎尔区捉到了其中的两个人，并最终把他们带到了勒尼亚尔局长的住处。一群坐在马车上的巡警在诺奈蒂耶尔街被人群突袭，不得不逃往乔弗里拉西涅街罗什布恩局长的住所避难。在5月22日和23日，当值警察费了大力气保护的两名嫌疑人在靠近圣丹尼的郊区被人群追上并捕获，最后这两人被"超过四千名吵吵嚷嚷的群众"（这个数字可能被夸大）送到了在圣马丁街上的德法克局长的住所。士兵尼古拉·尼弗莱在新桥惹怒了围观群众，最后发现自己被困在位于德拉卡兰德尔街的德拉弗斯局长的住所。最终，在叛乱的最后一个场景中，暴徒将拉贝带到了靠近圣罗克教堂的德·拉韦尔热局长的住所。

这种方式绝非巧合。逃命的人将警察局长的住所视作避难所，他们在那里可以寻求权威人物的庇护；对于追赶他们的群众来说，通过一名嫌犯迫使仲裁者出现意味着给他们提供了一个自我辩白的机会。无论是追赶者还被追赶者都认为局长是站在他们一方的。在当时，警察局长的住所在巴黎人的生活中扮演了重要角色。人们在那里张贴逮捕公告，宣布官方庆典，甚至发布失物招领。有时候还有一些不怀好意的人在那里张贴匿名检举信。警察局长本人也起着同样的作用。任何大事小情，从收不到租金、丢失皮带扣、打架斗殴到暴力犯罪，人们都会在第一时间找到他。他听取抱怨，安抚情绪，进行仲裁，必要的时候进行惩治，偶尔采取司法行动或决定开展一次逮捕行动。他是一个经常与当地社区打交道的调和者，必须要恩威并济。他的这种特殊角色是在多年的习惯中形成的，他是一个人们熟悉、充分信任的人。

警察局长所代表的价值观完全与另外一部分警察相反，叛乱者将这部分警察与绑架儿童联系起来，特别指那些警长、他们的鹰犬，以及那些无孔不入的、常人难以察觉的告密者们。群众聚集在警察局长的住所前，希望他站出来说明情况、澄清事实。他们习惯于听从警察局长的意见，希望他能够恢复秩序。叛乱者通过这种方式来表达他们的诉求：恢复往日平静的正常状态。他们经常能够得到想要的结果。例如，德法克局长就是能够恢复秩序的人。他在呼吁群众"停止追捕"的同时向他们做出保证，如果这些被带到他面前的嫌疑犯中有任何一个"被证明确实绑架儿童的话，他将会立即逮捕"。他通过这种方式使叛乱者平静了下来，随后他叫来了一辆马车把受伤者带走。[1]德·拉韦尔热局长起初也是这么做的。但是，这位局长有好几次都没有像群众期待的那样出来调和，而是被他身边的暴力吓倒，选择躲避人群，调解的机会也因此丧失了。这时候好警察和坏警察的界限马上变得模糊起来，群众转而将他们的怒火发泄在不履行自己职责的权威身上。

因此，群体的行为有着一定的规律性。但是在这些行为模式之外，仍可以通过近距离考察每一个小事件来了解其行为模式和组织情况，这意味着有一些逻辑秩序在混乱的最核心处发挥作用，它使得叛乱可以控制自身传播的暴力。我们选取叛乱中最为人熟知、记录最全的5月23日这天来进行具体分析，希望借此来呈现这个逻辑秩序。深入了解这一天的事件将有助于我们更好地理解整个事件。

### 暴力的类型

大约在那天上午9点半左右，暴徒穿过了人们从黎明就开始进行交易的盲人收容院市场。被追捕的拉贝和紧随他身后的追捕者仅仅在横穿市场广场之后就消失在附近的一栋建筑里。整个过程只持续了几秒钟，那些当时在场的人事后被问起的时候都宣称他们什么也不记得。没有人知道发生了什么事，他们也没有认出参与其中的人。这或许是合情合理的，因为所有的这些目击者都一再提到那些细枝末节以及他们正忙于工作无暇顾及，没有什么能够分散他们的注意力。在那样一个鸡犬相闻的地方，每个人都了解彼此，有些家

---

[1] B.N., mss Joly de Fleury, 1102, Commissioner Defacq's statement, 22 May 1750.

庭数代人都在此经营，一群暴徒穿过与他们在市场的日常生活完全没有任何关系。看起来他们对于叛乱最多只是意识到了曾经有过叛乱发生。这就是托马·拉莫特采取的说辞，他是这一地区的街道老清洁工，对这里"所有四处玩耍、调皮捣蛋的妇女"都了如指掌。在接受询问时他的这一策略是十分常用的。这种诡计避免向调查者透露任何信息，这些调查者们很明显地要找出信息本身之外的东西并从中找到指控的证据。这种逃避策略是合情合理的，因为每个人都最终有可能因为自己在事件中的一举一动而担负责任。更好的办法就是宣称自己当时正在忙于其他事务。即使他们承认了关于事件的一些情况，这并不能表明这是他们的亲眼所见，更多的是他们在事后听到的道听途说。

这些目击者很显然没有说真话。既然几乎没有人自始至终地关注着整个事件，每个人都显得有点措手不及，那么我们有必要深入了解他们的社区，这有助于我们从根本上抓住整个事件的主线。叛乱一开始是作为一则谣言出现的。市场的人们在看到任何具体的事情之前就已经听到了风吹草动。不仅如此，他们还十分清楚将要发生什么，并且在暴力最终在他们当中发生之前很长一段时间里都在袖手旁观。屠夫的儿子最先向女商贩喊道："快躲起来，我的朋友们，马上要发生骚乱了！"运水工罗兰大喊："叛乱发生了！"从这些大声警告以及匆忙的集体自卫行动之中可以感觉到人们对此已经习以为常。叛乱是社会生活的一部分。这种司空见惯的感觉在一次又一次的骚乱中反复出现，一直到1789年7月的那些日子。人们十分清楚如何应对官方的调查。人们不会陷入盲目的恐慌当中，而是轻描淡写地表现出他们完全知道发生了什么事及其带来的危险。

一些人选择逃跑，一名卖香草的女商贩为了让法官相信她很无辜，一直不停地描述自己当时受惊吓的惨状。其他人的第一反应是保护自己的货物。鱼贩阿德里安娜·布歇十分清楚叛乱的后果。在骚乱刚刚显露苗头之时，她的反应是将切鱼的大刀藏在了柳条筐底下。

尽管市场中的人们对此充满怨言，但其实他们对于那群追逐拉贝的人的了解远比他们表面上承认的要多，他们一定能够从中指认出当地人。他们都是这一地区的土生土长的居民，尽管在警方介入时他们假装完全漠不关心，但事实上他们通过平时的所见所闻都彼此熟悉对方的名字或绰号。当警方开始施压时，这一事实就变得十分明显。他们肯定知道被追捕的人是谁以及他为什么被追捕。一位名叫热纳维耶芙·奥利维耶的妇女试图保护拉贝，但不凑巧的是她将拉贝引向了盲人收容院市场，她在那里听到一声呼喊："他是普索大人的密探……"随后暴徒就开始攻击拉贝以及指引拉贝的她本人。[1]警察在狭小封闭的市场中从来都不是受欢迎的对象，这番指责不仅仅是寻常的对于警察的敌意。这些天来，人们越来越怀疑普索和他的密探们涉及参与儿童绑架，这些警察因此被当作敌人在整个巴黎城内受到追捕。没有人承认曾经看到过任何事情，但是绝大部分人看到制服的颜色的第一反应是这个人是个逃亡者。这个传言在市场的各个摊位之间流传，整个市场像回声室一样将其放大。同样的场景突然地从市场转移到了拉贝藏身的那栋楼里。

这栋楼本身像是城市的缩影。[2]它有5层，包括70名住户，8家商店，两个屠宰摊位以及一些房间，这些房间一部分被出租给了店

---

① A.N., X2B 1368, interrogation of Geneviève Olivier, 31 May 1750.

② 参见 Louis Devaux, A.N., X2B 1367, 5 June 1750.

主，另一部分出租给了诸如零售商、仆人以及工匠等劳动人民。顶层居住着洗衣女工，有一个空间很大的阁楼作为几名工人的宿舍。这是人们生活、工作、进行交易的场所。在第二层，一名妇女在卖烤肉，而她的邻居敞着门坐在那里制作童装。底层由一名木匠、一名卖牛肚的小贩以及一些屠宰学徒共享，一名鱼贩也在这里储存她在市场上卖的鳕鱼。这个地方是如此的阴暗潮湿以至于都长了菊苣。整栋楼中弥漫着混杂了旧陶器、木柴烟火、生肉以及厨房和住户的垃圾的刺鼻气味。经常有噪音从走廊和阁楼里传来，谣言、流言蜚语以及谈话的片段在整栋楼中四处回响。在这样一个人口密集、过度拥挤的地方，没有什么事情会一直是秘密。每个人对其他人都一清二楚。说过的每句话都会流入到在楼层间不断传播的小道消息之中。整栋楼都像街道一样过度拥挤，没有任何隐私可言。每条信息都会沿着过道和走廊传到各家各户。这种局势是由居民的生活方式决定的，而不是这栋楼的布局决定的。整栋楼是一个奥秘有待于发现的迷宫。

拉贝知道其中的奥秘。他选择这栋可以俯瞰市场的楼是因为他希望在这里避难，但是他没想到这只是一次短暂的缓刑。两年前，拉贝的雇主普索警长曾经在这里与他的情妇"元帅夫人"一起居住过。帮助拉贝逃跑的妇女热纳维耶芙·奥利维耶是他们的密友。事实上这两名妇女甚至共享同一个厨房，当我们得知奥利维耶是"那些教坏年轻人团伙中的一员"后，这就不足为奇了。很可能这两名臭味相投的妇女由于共同为警察秘密做事而增进了关系。整个地区和整栋楼的居民对她们的印象都非常差。拉贝在选择避难处和逃跑途中，唯一确定的是人们都在怀疑他。在当时，人们下决心要抓住他，不仅是因为他涉嫌绑架儿童，还因为他已经成了人们发泄对残忍、腐败的警察势力的宿怨的替罪羊。

这位逃命者很快意识到了自己的错误。有人看到"一个身着红衣、面色慌张、头发凌乱的男子出现在楼梯上，乞求我们救命"。拉贝的同伙与他走散，立即将注意力转向自保上，她为了减轻人们的怀疑不合时宜地喊道："他在哪里？他在哪里？他不是他们当中的一员。我们不是他们的同伙，是我将一名男孩送到了卫队队长那里。"她本人试图藏身于洗衣女工当中。她摘掉了帽子，假装与其他人一起义愤填膺，但是她的诡计很快就被识破。与此同时，拉贝没有力气找遍每一间阁楼与热纳维耶芙·奥利维耶的朋友接触，不得不藏身于四楼罗佐夫人房间的一张床下。追捕他的人已经涌进了大楼并封锁了所有出口。他们在主场作战，立即掌控了局面，他们肆意地打开每一扇门，搜寻每一个角落，没有受到任何人的阻止。

直到这时，他们的行动仍然受到整栋楼的生活和布局的限制，暴力行为控制在这个社区日常骚乱的范畴之内。但是一切都随着一名男子的出现而突然改变，他说道："我是这栋楼的主人。"路易·德沃是一名44岁的锁匠师傅，他在这里已经居住了18年。他不是普通的租客，而是这栋楼的"包租人"，他在盲人收容院市场的主要工作是每周为业主收取租金；他是一个值得信赖的人，善于管理巨款（据他说每年有5500里弗收入）。但是他的职责不仅仅限于收取租金。他既是管理者也是治安官，他的工作是在必要的时候在他所负责的地方维护和平与秩序。路易·德沃立即分析了局势，并且开始对各方施加个人影响，他没有使用武力手段，因为这会使他面临来自叛乱的人群以及后来的警察的压力，他通过智取迅速地将局面掌握在自己手中。有三名主要的目击者在事后提供了我们了解这段插曲的大量证据，尽管他们各自都对这件事有着不同的表述，但他们都一致认可德沃处理事情的手段。[①]

路易·德沃基本上站在群众的一方，但是他选择控制暴力，并将其引出这栋楼。他将自己一直以来的个人影响力发挥到了极致，他首先运用自己的个人权威抑制住了周围人的愤怒情绪，使人群平静下来。他劝告一名正在用棍棒砸门的人："冷静，我的朋友，不要这样。这里太吵了。"他带头喊道："把这些门都打开。"他在尽力控制骚乱的同时还要让叛乱者相信他是站在他们一边的。"因为他是这栋楼的包租人，人们都相信他就让他放手去做。"（事实上，人群在他身后一段距离跟着他。）在阁楼没能找到拉贝之后，德沃最终在他的藏身之处找到了他，并且用一种像庞提乌斯·彼拉多[②]那样不偏不倚的口吻将他交给了三个人手中："他在这里。"他还有别的选择吗？在事后的调查中，有人指责他没有向法兰西卫队报警，他回答说假如他真的这样做了，他一定会遭到攻击，接下来发生的事件使得他不可能这样做。但是他之所以没有这样做还有一个很明显的原因。德沃不想代表警方，而是想运用自己的权威。

他完成了他的目标，使局面得到了一些控制，但是他没有打算进一步达成和解。他唯一关心的是阻止暴力行为在他的地盘上发生，他当时在现场阻止人群找拉贝算账。一些人抓住"满脸是血"

---

① 这一段我们运用了对路易·德沃和玛丽-弗朗索瓦兹·勒孔特的审问记录，A.N., X2B 1367, 5 and 8 June 1750，还有热纳维耶芙·奥利维耶的审问记录，A.N., X2B 1368, 31 May 1750.

② 庞提乌斯·彼拉多（？—41年），将耶稣钉在十字架上的古罗马犹太省总督。——译者注

的警察，在场的所有人都同意将他扔出窗外。德沃进行了干预并下达了一些命令，这些命令明确地表明了他的立场："不要把那个混蛋扔出去，把他带走，这样一来这里什么事都没有发生过。"他处于一个十分微妙的境地，他在施加个人权威的同时不能激起叛乱者或警察任何一方的敌意，最重要的是还要让问题得到解决。他处理得滴水不漏，并且让人群遵循了他的指示，他使这些租客回归到日常生活当中，阻止他手下的工匠走出作坊，并命令他们继续干活。

德沃的作用没有随着拉贝的离去而终止。他仍然扮演了重要角色，但是这一次形势突然出现了反转。现在这栋楼的主人恢复了秩序，他开始腾出手来找人算账。拉贝和他的同伙的到来提醒了他两年前警察曾试图染指他的地盘，在他的势力范围内安插他们可疑的代理人，进行不可告人的交易以及那些不能忍受的密探。拉贝在这栋楼里寻求庇护，也许是要让人们以为这里仍然是他们的地盘，但是德沃现在必须在这一点上打消人们所有的疑虑，消除任何不良影响。因此，德沃在恢复秩序之后，开始在幕后施展自己有限的、局部的暴力，他在暗中操纵控制的同时还要确保这一切看起来像是公众所为。他在顶楼找到了此前在这里小心躲藏的奥利维耶以及她的朋友拉德尼，他用大声呵斥的方式向她发泄着怒火："我不想有人在我的房子里收留各种东碎。"他的话有意讲得含糊，但是意思十分明确——他不会容忍密探或者任何对他包租人的权力有所侵犯的举动。他毫不犹豫地开始着手策划将她从这栋楼里驱逐出去。他本人有意不亲自对热纳维耶芙·奥利维耶动粗，但是他用手指着她大声喊道："你就是一个妓女，比'元帅夫人'强不到哪去。"德沃十分清楚如何运用习俗的力量。还有谁会比这栋楼里的妇女更愿意看到奥利维耶卸去伪装、淹没在咒骂声中并且吸引一群围观的路人目睹她当众出丑呢？他派了一些洗衣女工去街上告诉人们。玛丽-弗朗索瓦兹·勒孔特就是当中的一员，她在事后被问起的时候说："德沃大人找到了我、朗比尔夫人，或许还有肥胖的南妮特一起朝着那个在窗外的奥利维耶大声叱喝，她作为目击者，还将她的头伸出窗外大声朝着德沃夫人喊道：'看，这就是奥利维耶夫人。德沃先生说她就是那个住在这里的奸细。'德沃听到她这样说后用脚推了她说道：'不要提名字，你个蠢货。'"德沃对这个愚蠢的女孩十分愤怒，她差点暴露了他的计划。整个场景表面上看起来完全像是出于恐惧而自发开展的报复。

奥利维耶出来后在人行道上被一小群男女包围，他们扇她耳光，并且把她的帽子都打掉了。当有人喊道："她是一个小偷，是和'元帅夫人'一伙的！她必须死！"事态一度看起来可能会进一步发展。最终两名屠宰学徒插手干预让她成功逃脱，在这个时候，事态才没有进一步发展下去。德沃已经达到了他的目的，他用自己的方式在自己的领地上重新建立了秩序。

在那以后德沃就从故事中消失了。他在其中扮演的重要角色是由他所处的特殊的时间和地点决定的。众所周知，他在那几个关键的小时里扮演了至关重要的角色，这使他有权力去疏导和巧妙地应对在他身边骤然而至的叛乱。但是深受事件复杂性误导的法官们更倾向于相信他既不是一个煽动者也不是一个阴谋家。德沃的角色之所以重要是因为他没有选择去带头，他发现自己卷入了整个叛乱的漩涡之中。在很短的时间内，他对事件的判断为叛乱者提供了一种可以接受的解释，他们在这种解释之下可以在他主导的范围下自由表达他们的不满。随后，群众更进一步的举动对他来说没有任何用处，他因此也就不再与他们打交道了。

## 谈判

5月23日事件的第二次高潮发生在位于圣端诺累大街的警察局长德·拉韦尔热的住所周围。叛乱之中最为暴力的场景始于人群与当值警察之间的冲突，最终以拉贝在圣罗克教堂前被杀而告终。接受司法调查的目击者和城市的记录者都认为这是叛乱中最暴力和最重要的片段。参与者和旁观者都将这个场景视作是很长一段时间内不断紧张的局势的最高潮或者是一种最终结局、戏剧性的最后一幕。检视细节后我们会发现，所有的证据并不都是一致的，而是相互对立的，仔细研读证词之后会发现这些相互对立的证词消解了整个事件的戏剧性。人们对于整个事件的印象是它是令人困惑的，充满着暴力和狂热，这些大量零碎的细节加深了这一印象。警察局长本人杂乱无章的证词说明他本人对此事也是充满困惑的。局长书记员路易·皮亚尔自始至终目睹了整个事件，他的记录通篇都被大量的细节所笼罩，甚至比拉韦尔热本人的记录还杂乱。

目击者一直在靠近正门的书房门下，他惊险地躲过飞来的石块后意识到自己身处险境，他顺势逃到了楼上，那里有一个小窗户可以俯视整个庭院，他从那里看到发生了什么。他看见当值警察已经装上了刺刀并且在马车两边分成了两队，拿着戟的中士守卫着酒馆，然后这位目击者看到一名大约10岁、他不认识的小男孩从酒馆破碎的玻璃门中溜进了庭院里，这时这位中士试图拿着他的戟指着他。这位中士的名字是杜诺瓦，他白天是收费站的一名下士，晚上是值夜的中士。目击者在那个时候听到某处传来一声枪响，紧接着又从马车底下传来另外一声，这些枪声一定是从人群中传来的，因为所有的当值警察都在庭院里。迪里耶因此命令他的一名士兵开枪，这一枪引来人群中另外一声枪响，随后警察又开了一枪，当看到人群试图强行闯入庭院之后，迪里耶为了阻止他们，命令他的士兵开了一两枪，人群被迫退回街上，继续朝着警局大门和那个酒馆投掷石块，持续了至少一个小时……①

从所有的困惑中找出一些关于某种秩序的线索并不会显得过于牵强附会。叛乱者的行为似乎在坚持着某种规则，这些规则很明显地反映了他们试图重建的价值。换句话说，他们试图通过某种方式恢复那种此前遭到破坏的巴黎人与警察之间的不成文规定。在混乱的言行举止之外，我们可以从发生在圣端诺累大街的事件中找出一定的逻辑顺序，群众试图通过运用它来与警方谈判。

在抓获拉贝以后，叛乱者直接将他带到了警察局长的住所，正如我们之前所看到的那样，警察局长是巴黎城内值得信赖的权威的象征。群众采取这种特殊的举动意味着他们在试图重新建立秩序。这个警察被怀疑已经有一段时间了，他因为绑架儿童而被抓，因此按照事件发展的正常顺序，他应该被逮捕并且依法审理之后送往监狱。群众的暴力行为一开始并不是想发动叛乱，而是一种情绪化的

① A.N., X2B 1368, interrogation of Louis Pillard, 20 June 1750.

常规手段，以此来恢复人民与警察之间一直以来的平衡状态。当拉拉韦尔热和他的助手们决定护送拉贝前往夏特莱法庭时，他们也是这样对事件进行解读的："我们对这些条件做出了答复，用每个人都能听到的音量大声说出来：'我的朋友们，我愿为你们主持公道，将这个人送入监狱。'他们看起来对这个答复十分满意。"①

为了完全恢复人民与警察之间的信任，错误必须公开得到纠正。警察局长和他的手下都坚持认为他们的一举一动都是"开诚布公"的，完全是暴露在叛乱者的视线之内，"因为这样做才不会激怒人群"。这种公开性与绑架儿童事件之初的遮遮掩掩形成了鲜明的对比。警察在执行任务的时候通常不会这么公开透明，但是在1750年春天这种特殊的气氛之下，公开性是恢复法律和秩序必要的先决条件。警察总长贝里耶事先预见到了5月23日会有类似的暴力发生，他在那天早上写给另一位警察局长勒尼亚尔·勒热纳的信中用一种悲观的语调详细阐述了他所建议的应对措施：

> 为了消除人群之中看起来不断增加的疑虑并让他们恢复平静，无论他们的理由有多么不充分，先生，你都有必要采取以下措施：如果有当值警察或民众将任何人带到你面前，指控或怀疑他涉嫌绑架儿童，你必须一刻都不能停留地立即将他送往贡西日尔里监狱，不管他是否有罪都要确保这一切要在公众的注视下进行，如果人们有意跟随他，不要试图进行阻拦。②

---

① A.N., Y 13756, Commissioner de la Vergée's statement. 书记员皮亚尔写道："目击者说他会主持正义……"

② A.N., Y 11932, cited by Ch. Romon, "L'Affaire des enlèvements d'enfants", p.67.

在秩序完全恢复之前，还必须弄清楚警察的定位。因为除了抓住涉嫌绑架儿童的拉贝和他的同伙之外，人们对于警察的极度不满是由于他们在社区中模糊的身份。很多目击者都看到拉贝在最后的逃跑途中为了保护自己试图用一条红色的围巾来遮住头，人们抓住拉贝的这一点大肆宣扬对警察的指控。为了能更自由地开展行动，他试图施展技巧完全融入巴黎人当中去。甚至当他被带到警察局长的办公室时，拉贝仍然试图隐瞒自己的身份，狡辩称自己"只是一个酒商的伙计"，为了让人们相信这一说法他还挥舞着一个开瓶器。拉贝恰好是那种人们最反感的警察。巴尔比埃在他的日记中写道，当时在周围的警方秘密雇员在人群中激起了更大的愤怒："不管他们是否有能力逃跑，不论他们是在私人住宅中寻求庇护还是与警察局长一起，他们都遭到了攻击或残害，所有的这些人都是低级警察、告密者或者间谍。他们之前到底干了些什么？"[1]

当拉贝被带到警察局长面前的时候，仍然有可能恢复秩序。拉韦尔热的公开承诺是妥善解决事件所必需的，但是这种脆弱的平衡马上被一系列愚蠢的错误打破。赶来护送拉贝前往监狱的当值警察犯下了两个严重错误。首先，他们想把将拉贝带到警察局长面前的那些叛乱者从房子里驱逐出去，虽然警察局长和他的手下都"反对这项举动，不想激怒现在已经平静下来的人群"。[2]但是理智并没有维持多久，当值警察强迫人群退回到街上，他们关闭了囚车，并且逮捕了一名叛乱者。这次逮捕并没有立即激起人们的怒火，真正让群众感到愤怒的是警察决定在人群的视线之外秘密转移嫌疑犯，

---

① Barbier, *Journal*, t.IV, p.435.

② 这个片段可以在对书记员皮亚尔的长篇审问记录中找到。

他们想亲眼看着拉贝被转移。正如所预料的那样，叛乱者马上开始变得愤怒起来并立即攻击警察局长的住所。第二个错误是，一名中士在平息争斗的过程中，不理智地向一名试图钻进庭院的年轻小伙举起了戟。至少在当时叛乱的特殊场景下，这个举动是十分不合适的，人群中立即就传来了一声枪响，警察也放了一枪作为回应。当两名在两个阵营之间调停的调解者突然消失的时候，整个局面彻底失控。拉韦尔热在人群开始攻击他的房子之后躲进了自己的住宅中。他本来应该参与和人民的所有谈判，现在他放弃了这一职责，成了受怀疑的对象。他的住所不再是解决纷争的场所，反而成了集体复仇的目标。事实上在那天晚上，叛乱者在重新抓住并处死拉贝之后，还想回来对这位背信弃义的警察局长施加更为严厉的惩罚。

即使到这时候还存有一线希望。仍然有回旋的余地和通过其他代表进行另一种形式的谈判的机会。由于警察局长已经放弃了他的责任，在讨价还价的过程中需要一套新的规则。由于警方背叛了他们的缘故，群众想要对拉贝伸张自己的正义。有趣的是，尽管他们可以随时用武力将拉贝带走，群众仍然倾向于使用原来的那一套谈判程序。即使在警察局长已经放弃，而当值警察的人数远不及进攻他们的人数的时候，群众仍然要求要有一名称职的调解人。

从人群中挺身而出担任这一角色的人并不是一个微不足道的小人物。克洛德-图桑·帕里西是"王室娱乐商场（Royal Entertainment Store）的一名雇员"。毫无疑问他不仅仅是一名普通的雇员，他身穿带有红色镶边的王室制服（这一点在官方对他的调查审问时提到了四次）。① 在叛乱的最高潮，这个人似乎成了唯一一个能让叛乱者和警察双方都信服的人，他成了叛乱者的代言人，只有他的话他们才能听进去。他建议当值的警察将拉贝交给群众，否则他们会有被杀的危险。尽管他事后被怀疑与叛乱者相互勾结，但他的穿着所代表的高高在上的权威让他在当时赢得了普遍的认可和尊重。在官方调查中，他被严厉地指控"妄自充当参与叛乱的暴徒与执法人员之间的调解人"。他在数周之后在代理法官面前报告的事情是否在5月23日下午真实发生过，这一点我们无从知晓。这位亲历者被怀疑参与叛乱，他的首要任务就是要向法官证明自己的可靠性。帕里西必然进行了一番闪烁其词的表述，因为他表现出的神态令人难以置信，行为举止浮夸，这意味着他在法庭上的陈述要比实际交涉中的表现更为正式：

> 被告回答说，他看到群众怒火高涨，当值的警察即将陷入危险之中后，身穿王室制服的他冒险挺身而出，脱下帽子交给一名中士，告诉他说："中士，刚刚有人建议我说除非给人们想要的结果，否则他们将会攻击，将撕成碎片。"中士回答被告说："感谢你，先生，请你告诉那些人，他们的愿望将会得到满足。"这位目击者向他鞠躬告辞后返回人群告诉他们："中士刚刚向我保证你们的愿望将会得到满足。"他随后就返回工作的地方去了。

拉贝被交到了群众手中，他最终成了人们发泄仇恨的目标。这

---

① A.N., X2B 1367, interrogation of Claude Toussaint Parisis, 10 July 1750.在皮亚尔的证词中也得到了证实。

种行为是在大街上公开实施的集体行为。就在圣罗克教堂的正门口，人们拒绝让他进行临终忏悔，一名暴徒一边朝他的头部扔鹅卵石，一边无情地大声嘲讽道："你的忏悔神甫就在这里。"拉贝再也无法向任何人求饶了。这个时候即使是神职人员也不能为他向迫害他的人求情了。

当天晚上，这些铁了心拒绝遣散的叛乱者们强迫送葬的队伍全程在公众的注视下重新走了一遍谈判失败和最后进行屠杀的路线。这预示着叛乱的人群用他们自己的方式让他得到了应有的惩罚。国家公诉人格莱特写道：

> 尸体被放在一架梯子上运往巴瑟监狱。很明显，这些暴徒要求抬梯子的人把梯子举过肩，这样一来这个早已经面目全非的可怜人可以被所有人看得一清二楚。不仅如此，还有一大群人跟随着送葬队伍，警察不得不穿过街道跟随他们走了很长的一段路。

叛乱者对那时候已经向他们让步的权威表示这件事还没有结束。当他们把拉贝的尸体拖到贝里耶门前的时候，这就不仅仅是一群失控群众的行动了，而是一次挑战。他们将仆从带到了主子面前，他们这样做直接把矛头指向了贝里耶，等待着他的回复。答复没有到来。两天以后另外一个不同的群体对此做出了反应，高等法院接管了这个案件。新的对话者已经选好了。根据传统，法庭以国王的名义治理着巴黎，他们与试图增强自身实力的新警察势力相比更加有纪律性，更受人们欢迎。因此接受这项任务的法庭也开始展开了自己的报复行动。达尔让松这次乐观地写道："巴黎和其他任何地方的人都十分激动。高等法院承担了一名高尚贵族的责任。这就好像一位被罢免的首相不但官复原职而且还拥有了更大的权力。高等法院已经成了国王与人民之间的中介。"[1]

  只有在这个时候叛乱才得出了它的结论。

---

[1] D'Argenson, *Journal*, t.VI, pp. 209-10.

# 第四章  真相与谣言

　　很难去核实1750年发生的事件的真相。这并不是因为警察和法官没有进行细致的调查，而是因为他们所有强调的重点都建立在对于叛乱者的有罪推定之上，而不是建立在分析具体事实的基础上。首先，5月骚乱的遇难者人数就是个未知数。警方给出的数字是有20人死亡，尽管这个数字表面上看起来有夸大之嫌，却无从考证。受伤的人数更加无法确定。[①]但是在这些既有的绑架儿童事件中潜藏着一个更严重的问题。这次事件涉及警察腐败这一敏感问题，此前一直存在着类似的传言，再加上警方在调查过程中将重点放在了叛乱本身而不是起因上，这意味着这种人们所怀疑的警察参与绑架的传闻很有可能是真的。例如，当时的记录者们经常对于这些传闻半信半疑，梅西耶在事情过去30年之后提到"一则关于儿童被绑架的谣言可能是真的也可能是假的"。当时人的这种不确定性表述有时候会影响到后来的历史学家从原始资料中得出自己的结论。但是在档案中有大量的文件可以解答这些疑惑。

　　首先有大量遭到过警察骚扰的儿童和他们的父母的叙述。1750年5月23日那天是忏悔星期二，居住在科隆比耶街的路易·塔科内

---

　　① 见Ch. Romon的论述，"L'Affaire des enlèvements d'enfants"，pp.87-8. 但是文中关于"受伤者"的具体界定不太准确。

在上完教义问答课之后与三个朋友一起出去玩。这些男孩从圣母院德尚出城，在前往沃日拉尔街的途中捡起地上的瓦片玩起了"扔石子"，这时：

> 他们被三个假装和他们一起玩耍的人跟踪，这时候第四个人出现，抓住并逮捕了他们，将他们关进一辆马车里，在那里有另外四个身穿蓝色衣服、带枪的人；当塔科内问为什么抓他们时，他们告诉他说他们这样做只是吓唬他们一下。他随即要求他们把他带到局长大人面前，这些人反问道那样有什么好处。但是在他的一再要求之下他们承诺将他带到局长大人那里。可实际上他们并没有这样做，而是将他关进了大夏特莱监狱。

塔科内当时15岁半。让-弗朗索瓦·若利只有9岁，他是一名制衣工人，与他的父母一起住在圣马丁郊区。"在5月1日那天，若利按照他母亲的吩咐去接他的小侄女回家，途中突然在克鲁瓦德玛莱街上被捕。"让-弗朗索瓦解释道："他当时没有一直在玩，是勒勃朗先生将他带走的，他们将他关进一辆马车里，上面有12个与他一样的人，他被带到大夏特莱监狱，在那里关了11天。"①

玛格丽特·奥利耶是一名洗衣女工，她是一名木匠熟练工的遗孀。她在陈述中提到一起发生在1749年12月或1750年年初的事件，她描述的场景如同格勒兹（Greuze）²的画作一样栩栩如生。

---

① B.N., mss Joly de Fleury, 1101, evidence of Jean François Joly, 25 June 1750.

② 让·巴普蒂斯特·格勒兹（1725—1805），法国画家，擅长风俗画和肖像画，他受启蒙思想家的影响，以底层市民为描绘对象，主要作品有《宠坏的孩子》、《惩罚忘恩负义的子女》、《为死去小鸟而伤心的少女》。——译者注

　　6个月前的一天晚上9点钟，我正在家里忙着干活，我13岁的独生子刚刚睡觉，这时候三个男人突然出现，其中的一个人挥舞着一根棍棒说他是警察。他们说他们来执行国王的命令，他们当中的一个人问我说："你儿子是否给你带回过一些亚麻布？"另外一个人跟我儿子说："起来穿好衣服，你个无赖！"我当时泪如泉涌，我儿子穿好衣服说："妈妈，不要哭，这些先生不会伤害我的。"他们将他朝警察局长住所的方向带走了，我拉着儿子的手紧随其后，但是当时我的儿子被直接送进了小夏特莱监狱，根本没有去警察局长那里，我的儿子在监狱里待了8天……①

　　类似的证词至少还有20份，这些只是其中的几个典型事例。每个事件中的个人情况各不相同，但是其中最显著的特征是相同的。绑架都是突然发生的，不管这些儿童的年龄和身份，这些受害者的抗议都被置若罔闻。除此之外，进行这些逮捕没有任何法律手续，还经常伴随着言语或肢体上的威胁。

　　大量有关儿童的证据都表明，在5月26日的调查中，有5名执法人员与叛乱者一同接受了审问。②他们当中有2名警察、2名当值的警官以及1名警长，尽管如此，这5个人在现实中代表了警察总长为了响应1749年法令而逐渐增加的警方行动中的一小部分。当然，他们5个人在承认他们的所作所为的同时还试图淡化自己的影响。他

① A.N., X2B 1367, Marguerite Ollier's statement, 2 June 1750.

② A.N., X2B 1367, interrogations of Sébastien Le Blanc, 31 May 1750; interrogations of Julien Daguisy, 5 and 16 June 1750; interrogations of Joseph Faillon, 13 June 1750; interrogations of Jacques Brucelle, 3 July 1750.从勒勒朗日记中节选的逮捕名单附在了他的审问记录之后。

们中的一些人一直在正常的活动范围之外行事，根据贝里耶的直接书面命令，他们可以越权行事。他们小心翼翼地保存着这些命令，现在他们将这些命令作为证据呈交给法官。他们同意执行特殊任务的原因是："一个人必须生存。"除此以外，贝里耶还对他们施加压力，给予他们高额赏金的诱惑，这将会显著提高他们微薄的收入。他们所有人都承认曾经怀疑过他们所承担的任务是否具有合法性，他们之中只有一个人阐释了自己的看法。

塞巴斯蒂安·勒勃朗在返回一个月之后收到了贝里耶一份关于5月15日的简报后，才"意识到公众对于这些抓捕行动有多么不满"。当值的中士朱利安·当居西说"他不是主动去做这些工作的，都是指派给他的"，他一直都对将来可能的后果感到不安，因此"为了以防万一，他让自己的女儿记录了他抓捕的所有人的名字……他认为他女儿在一本书中还写下了所有被捕者的名字"。当然在现实中，当居西还利用这些名单去换取奖赏。当居西曾经与一名叫法永的当值警官一起合作。法永说他在接受这份工作的时候"希望最终得到更好的工作，这一点贝里耶曾经善意地向他保证过"。但是，法永发现他"缺乏这份工作所需的勇气"，并且他选择了放弃。他承认还保留着一份从3月12日到4月16日的抓捕记录，自那以后他对此深感厌倦，这促使他放弃了这项工作。

最后还有布吕塞勒警长的证词，他的职级意味着他可以直接与警察总长进行接触，他早在11月法令之前就开始逮捕儿童了。在1749年3月，他收到了来自贝里耶的一些"看起来值得商榷的"指示，但是他还是照办了，直到11月新的法令出台后他才稍微弄清楚是怎么回事。布吕塞勒表示他自己对于逮捕儿童一事并没有那么上心，试图以此来证明自己是被迫的。他说，"原本他可以逮捕300名儿童，但他只逮捕了大约60到80名儿童，贝里耶大人告诉他说他没有完成抓捕目标"。

这5个人都把矛头指向了警察总长，希望以此来赢得法官对于他们的宽大处理。他们断定这些法官不会把最终的责任推给贝里耶。这种策略确实达成了预定的目标；尽管如此，这些证据表明贝里耶的威望并不是他们唯一的动力。他们在法庭上的详细解释证实了受害者和他们家长的陈述中得出的一般结论。例如，当居西解释了他和他的手下在进行逮捕的时候是如何运用奇袭的手段的：

> 当他们得知在某处正在进行赌博的时候，他们会派出一些穿成厨师、工人或市民样子的人假装去围观赌博。他们经常与法永带领的骑兵中队一起突然出现，免得让人以为他们是来捉拿乞丐的。这些"厨师们"会在赌博人员试图四散逃跑的时候将他们一网打尽，包括那个管钱的人。

勒勃朗还承认他的手下为了"提高效率"，每天都会穿着市民的衣服行动。这5个人都确认他们的命令是将逮捕的儿童直接送往监狱，不用先去警察局长耶里。他们宣称在逮捕这些儿童之前，他们已经尽可能地警告过家长，以免事态变得复杂，但是他们不可能一直这样做。除此以外，他们害怕被人怀疑向这些家庭索要赎金，这种担忧在一些目击者看来是确定无疑的。

无论是受害者还是被告的证词都提出了这些逮捕行动的本质是什么这一问题。到底是谁在1749年和1750年被捕？这些术语一直以来都是模棱两可的。文件中只是模糊地提到"儿童"或"小男孩"；没有明确指出这些被捕者的真实年龄。这种定义包含了从幼儿时期到青春期这样一个模糊的年龄段，有时候如果这个男孩还和他父母住在家里的话，这个上限可以延长到20岁。有时候，一个14岁或15岁的少年被宽泛地称作"小男孩"。这种宽泛的年龄划分引发了诸多分歧，尤其是从承担法律责任的角度来看。法定承担责任的年龄是11岁或12岁，低于这个年龄的儿童即使已经自食其力一段时间，也没有责任接受法院庭审或监禁。这些用来描述受害者的术语因此会产生误解，唯一一个否认所有对他的指控的警察阿玛尔就利用了这一点来为自己辩护。其他被指控的人也强调了他们在努力判断这些男孩的年龄。勒勃朗在一次巡视巴黎的途中，突然遇到了"几个无赖和街头混混在一起赌博"，他当时只"逮捕了其中年龄比较大的两名赌博人员，对于其他人只是警告之后就放走了"。他在自己的日记中有意写道，他逮捕的那两个人，1名16岁，1名17岁。布吕塞勒尽管有命在身，"只逮捕了年龄在15岁到20岁之间的年轻人，他们在任何情况下都可以被拘留，所有的街坊四邻都对他的举动表示赞许"。但是在同样一份材料中，他还承认，"后来，当他把报告上交给贝里耶时，他得意地告诉他在这群赌博人员当中，他发现几名非常小的儿童，甚至有中产阶级市民的儿子，贝里耶当时说道：'很好，布吕塞勒，他们正是我想要抓的人。'他因此继续进行抓捕"。

尽管没有任何精确的统计数据，但最重要的证据清楚地表明，除了通常的那些少年犯之外，还有相当数量年龄更小的儿童也被逮捕了。我们刚刚提到在证据之中有一名9岁的让-弗朗索瓦·若利。还有11岁的弗朗索瓦·科潘在5月16日那天早上去送信件，他在返回的途中在靠近沃镇广场的地方被"一名警察拦住，他告诉他说：'和我们一起上那辆马车，我们会给你一些东西。'他们将他关进马车里，在车上有其他8名儿童，当中有两名小女孩，她们一个5岁，一个8岁"。一名当地的法兰西卫队士兵认出了他，在他的及时干预之下，他和另外两名受害者获救了。[1]一个名叫拉波特9岁的小男孩在他父母在家"喝啤酒"的时候被带走。他的父母及时赶到救下了他。[2]一名马车夫的车被一名警官征用，很有可能是当居西和他一起在5月14日那天在巴黎巡逻。在他的陈述中，他说有6名"年轻人"在卡罗塞广场和鲁勒街被捕，他们当中有"4个人的年龄在10岁或12岁左右"，还有"一名年龄较小的被一名步兵认领走"。他当时接到的命令是前往卡普桑。[3]有很大一部分受害者的年龄都在这个关键的11岁到12岁之间，当然还有一些在巴黎被捕的儿童低于这个年龄。

　　年龄并不是唯一令人担忧的，这些男孩的社会身份是另外一个怨恨的来源。公众也许会容忍、支持一个清除巴黎街头小混混的方案，正如他们一直以来都支持驱逐首都内的流浪汉那样。但是文件中显示，警方实际上不顾人们的反对而扩大了搜捕的范围。警察阿玛尔否认曾经跟踪过任何一个在警方通常怀疑范围之外的人。迪蒙警长证实了这一点，他援引的例子当中，两名男孩一个13岁，一个

---

　　① 　这个片段出现在三份同一时间进行的陈述里：圣热韦教堂负责教育穷人儿童的教士助手让-巴普蒂斯特·费歇尔，A.N., X2B 1367, 1750；同样出现在弗朗索瓦·科潘和他母亲的陈述中，同上，A.N.,X2B 1367,29 May 1750.这是唯一一份女孩被绑架的记录，但是这些准确的描述使得这个片段的真实性不容置疑。

　　② 　A.N., X2B 1368, René Gayard's statement, 13 June 1750.

　　③ 　A.N., X2B 1367, Joseph Peyssaud's statement, 22 June 1750.

14岁，他们因为行乞在逃跑的途中被捕，他们的父母在被警察传唤之前对于他们的下落一点都不着急："绑架体面的资产阶级孩子的谣言就是这样传开的，但实际上他们都是缺乏管教的小混混。"[1]但是，这些证词是与众不同的，与全面调查中得出的一般结论相悖。

毫无疑问，在这批被捕人员当中确实有一些真正的赌博者，甚至还有一些人是像皮埃尔·巴尔拉芒那样的惯犯，17岁的他在4月20日那天在旺多姆广场被捕，他一年前也是在这里被捕的。但是最常提及的案例涉及工匠、商人或工人的儿子，他们通常已经从事某一行业。12岁的尼古拉·萨瓦在4月23日被捕，他是一名居住在比西街上制造箱子的人的儿子。路易·塔科内是一名面包师傅的儿子。亚历山大·勒尼奥的父亲是圣保罗区的一名制针师傅，他的姑妈是一名水果商人，她前来代替他父亲作证。15岁半的乔治-让·巴舍维利耶是一名与他父亲一起工作的工匠，他的父亲是一名制作纽扣的师傅。在罗亚尔街被带走的年轻的米亚尔是一名钟表匠的儿子。前来监狱认领自己儿子的玛丽·玛德莱娜·比才，是一名为国王制作马刺的工匠的妻子。这些家庭当中没有一个人是那种对自己在社会中的地位沾沾自喜的小资产阶级。

还有一些家庭代表了一部分身份更加卑微的勉强养家糊口的人，例如缝纫女工、搬运工以及洗衣女工。有一些儿童只是学徒，制绳匠实习生或者低级店员。这些人之中当然有很多四处游荡的街头混混，他们是首都内年轻人当中的败类。但是无论他们在巴黎的社会等级之中处于何种地位，几乎所有的原告都有正当职业，真正

---

[1]　A.N., X2B 1368, Pierre-François Dumont's statement, 13 June 1750.

让他们家人感到的愤怒的是：这些孩子事实上都是在进行日常活动的时候被抓的。塔科内当时和其他几个上完教义问答课的孩子一起被抓。12岁的弗朗索瓦·戈蒂耶还是一名学生，他在帮他父亲跑腿的时候被抓。布吕塞勒警长甚至被指控逮捕"一名恰好在一具躺在门口的尸体旁边洒圣水的儿童"。警方的行动经常是臭名远扬的，因为这些男孩为维持日常生活的平衡做出了重要贡献，而警方的行动打破了这种平衡。此外，警方还对这些受害者进行侮辱，他们在逮捕的过程中经常运用言语威胁、肢体威胁或者其他手段进行挖苦嘲弄。

警察总长贝里耶的手下证实了这一点。法官发现勒勃朗不只是逮捕了流氓，"他的名单上还列举了很多有家庭的孩子，他们绝大部分是巴黎工匠的儿子"。他承认了这一事实并且宣称"如果他早一点知道，他肯定会放了他们"。当居西的名单显示，"他逮捕了很多马具匠、修鞋匠以及商店工人的孩子，他们很明显不是捣乱分子"。法永为了证明自己的清白，向法官保证说如果他的命令"只是让他逮捕某一类人，他肯定会照做的"。毫无疑问，潜在的金钱诱惑是警察不加区分地进行逮捕的一部分原因，但是主要的原因是贝里耶的命令。我们已经看到，直接听命于警察总长的布吕塞勒是如何最准确、最明显地肯出自己的罪责。布吕塞勒既强调了"在各种各样的人当中将街头混混和那些声名狼藉的人区分出来"的难度，也强调了贝里耶的主观意愿和对采用过分之举的正面支持。

有必要重新审视警察总长的残酷无情。这些被指控的人出于自保的考虑，让他承担了所有野蛮无情的骂名和冷嘲热讽。但是在现实中，贝里耶看起来认为他的所作所为在满足人民的意愿的同时，也能取悦首相和王室。当法永向他质疑行动的合法性时，他回答道：

> 逮捕那些被抓到在广场和市场中与小流氓和无赖一起赌博的工人和资产阶级的孩子是可以接受的。因为一些家长向我抱怨说他们的孩子从家里偷钱去赌博，我们很希望帮这些家长一个忙，逮捕并惩罚这些孩子对于其他人来说也是一个警告。①

贝里耶在法官面前重申了他的理由。他是真心如此认为的，还是单纯地因为追名逐利而被自己的狂热和欲望所误导，将之与恢复公共秩序联系在一起了呢？他很有可能曾经接到过一些家长的请求，虽然调查出来只有一名目击者的证词支持他的观点。这种不加区分进行逮捕的做法很有可能来源于警方的政策之中，这些政策因为他们滥用权力的思维而遭到了扭曲。

事实上在这些在巴黎被逮捕的年轻人当中，有一部分人因为他们的年龄、地位和行为而被逮捕，这看起来是不合适的、不可接受的。这种破坏习惯的行为加剧了暴力。很难得出一个准确的数字。当居西承认逮捕了27人，但他的笔记本上提到了46人。同样，勒勃朗仅在一个月里就逮捕了46人。法永在3月中旬和4月中旬之间逮捕了45人。布吕塞勒的记录在60人到80人之间。即使考虑到这些数字都是大概的数字，而且每个人的名单有时候都会有重合的地方，他们所提供的数字也只是全部逮捕人数的一小部分，因为在1749年12月到1750年5月之间，有很多其他的警长、警察、间谍，以及为贝里耶工作的人在干着同样的事。很有可能在同一时间内有几百人被

---

① A.N., X2B 1367, Joseph Faillon's statement, 13 June 1750.

逮捕。另外一个问题是，在这些受害者当中有多少人真的是无赖，又有多少人是体面人家的孩子。我们永远无法得知其中任何一项具体数字。官方的调查报告提供了一个错误的画面，因为唯一的证据来源于那些遭到不公平待遇的男孩和他们的家长。很有可能他们才是少数，但是与这些因为滥用职权而迅速产生的谣言相比，这些具体的数字就显得不是那么的重要了。

## 关于儿童的谣言

事后回想起来，整个事件的重要性似乎要高于它的起因。高等法院1750年的法令①突然呈现出高压态势，这在他们看来并不是什么新鲜事。贝里耶毫无疑问要为针对流浪汉的残酷的镇压措施负责，但是这种突然逮捕之后不经过必要的司法程序而直接囚禁的做法，从18世纪初开始就是一个普遍现象，无论是"新的"警长②还是原来总济贫院的警察都这样做。③同样，他们在日常办案的过程中都有滥用职权、随意抓人等腐败行为。

如果不是按照"儿童"一词的严格意义来界定的话，绑架年轻男孩在一个世纪之前就已经广为人知了。早在1663年，国王就命令夏特莱的司法特派员提供类似事件的信息，这些事件已经引发了针对警察的街头叛乱。同样的事情还发生在1645年、1701年、1720

---

① 指前文中提到过要求逮捕一切流浪汉的法令。——译者注
② 指1720年新成立的秘密警察。——译者注
③ 关于这一点，参见P. Piasenza, "Rapimenti, polizia e rivolta".梅西耶同样可以证明，他目击了这些场景当中的一个："一个平静的目击者不经意地告诉我：'先生，没什么，别管它，这只是一次警方搜捕。'"（Tableau de Paris, II, XLVII）

年，接着是18世纪30年代。①这种绑架行为一直以来都为人憎恶，但是至少在以前，人们还能普遍理解这种动机：它一直强调这些年轻人会造成威胁。除了一直以来出于公共秩序的考虑外，他们还希望从中招收充实殖民地群岛和路易斯安娜的殖民人口。很显然巴黎人十分不喜欢这些理由，但是他们至少可以理解并运用它来解释贝里耶的政策。事实上，在1750年的事件当中，充实密西西比的人口成了抓捕行动的一种合理解释，无论是那些参与叛乱的人还是像巴尔比埃和达尔让松那样更客观中立的评论者都采纳了这种解释。

但是，无论是之前的解释还是现在貌似很合理的解释都无法全面地回答1750年事件中产生的所有问题。整个事件看起来扑朔迷离、神秘莫测、骇人听闻，引发了无休止的猜测。需要寻找其他解释来揭开这个秘密。不仅一直以来被认为是幼稚的、容易轻信的民众在寻找着答案，连那些权威人士本人也相信在这种情况下一定有一些其他的有待发现的缘由。

在政治上后知后觉的贝里耶第一个试图让法官相信，这些谣言在巴黎恶意传播的目的是扰乱公共秩序。贝里耶提供的一名目击者证实了他的判断，根据他的描述，有一类人在拉贝遇害时一直在引导着人群，他谴责了这些人的出现：

> 有3个年龄大约在18岁或20岁的年轻人，他们衣着光鲜，带有佩剑，他们看起来对刚刚处置拉贝的手段非常满意。当尸体刚刚运到贝里耶的门前时，这3个年轻人又出现了，他们和那些投掷石块的人站得非常近，这时第四个衣着光鲜、年龄在

---

① Herlaut, "*Les enlèvements d'*enfants", pp.43-9.

26岁或27岁的年轻男子加入了他们。

　　达尔让松也听说了"这些公众骚乱是由一些地位在普通民众之上的人煽动和领导的"。但是他本人并不相信这些谣言。[1]

　　然而，高等法院并没有相信有一个政治阴谋的存在，而是相信这些煽动者、造谣惑众者以及游手好闲的人背后一定有一个犯罪团伙支持着他们。他们认为这个团伙构成了叛乱者的绝大多数，他们将调查指向了这些人。但是，警察总长和法官们都在一开始将自己局限在这些关键因素上。他们知道这些绑架的形式和本质，而没有了解它们背后的原因。他们倾向于相信一种假想中的阴谋，这也许不是因为他们天生就对这种理论深信不疑，而是试图运用这套理论来解释这种突然发生的重大事件。

　　当然，人们十分了解目前愈发严酷的镇压措施，他们对此十分不满，因为他们是首当其冲受伤害的人。在最近几个月之中，人们与贝里耶的鹰犬们的冲突逐渐增加，就是因为人们普遍意识到了形势正变得日益严峻。人们对于这个"新"警察势力的不满很快就表现了出来。众所周知，年轻人被捕后会被送往监狱，或者被认为送往密西西比。一位母亲证实了这种说法，她认为她的儿子已经出发前往北美了。但这些看法不足以解释这些事件的发生。还有一些其他无法解释的因素卷入其中。谣言本身就可以定义和解释这种难以捉摸的因素。

　　所有的专家都认为谣言是城市生活中内在的一部分。18世纪末

---

[1]　A.N., X2B 1368, statement of Jacques Descoings, cavalryman of the *maréchaussée*, 20 June 1750; 另见B.N., mss Joly de Fleury, 1102, fos 128-9 (anonymous denunciation); D'Argenson, *Journal*, t.VI, p.207.

的警察总长勒诺瓦详细地阐释了这一主题，他回想起这件事说，那次绑架儿童的事件即使已经过去了三十年，"这座城市的人民仍然没有忘记"。他得出的结论并没有什么新意，谣言是一种无法抑制的现象，永远无法将其打败。"巴黎人更倾向于相信秘密流传的虚假报告和诽谤诋毁，而不是相信公开出版发行的有关政府命令的公告。"[①]在一个口耳相传的社会中，谣言必定会一直存在，谣言是一种情绪的表达和盲从的表现，这在当时构成了一部分对于民众的刻板印象。正如经常与其相伴的迷信一样，谣言是一种定义集体认同的形式。

在1750年，谣言是十分普遍的，甚至还有一系列谣言像中国套盒那样相互交织在一起。单单这一种现象就足以使信息在这样一个密集的城市内迅速传播开来，城市中的个人和家庭通常的活动范围都仅限于某一个教区或地区之内。我们从调查报告当中了解到这些逮捕的细节，大部分逮捕都会引发人们的集会，关于这些逮捕的细节的消息在巴黎城内传播得非常迅速。最初的事件经常是在城市日常生活中司空见惯的琐碎小事，但这就足以将人群以非同寻常的速度动员起来。为什么会这样？

首先是因为，每个事件都是公开的，也是无法解释的。这些人通常穿着平民衣服，但是他们很快就可以通过外表和言谈举止被人认出来，他们盘问在街道、广场、收费站的男孩，然后在没有任何司法程序的情况下就将这些男孩关进马车里。更糟糕的情况是，他们将这些男孩从他们家里带走，或者跟踪这些男孩直到进入他们藏

---

①    B.M. Orléans, Fonds Lenoir, ms 1422, fos 302-4.

身的房屋里。<sup>①</sup> 玛丽-冉娜·富凯是在布尔-蒂布尔市场卖鱼和香草的商人，她描述了这种典型的现象：

> 我在复活节那天看到有两名儿童在圣让公墓被抓。一个男人抓着年龄最小的勒尼奥，另外一个警察抓着另外一名儿童，当时他的女性亲戚都在市场，试图拯救他。是当居西大人在主持着这项抓捕行动，尽管我只看见了他的帽子，当时市场当中有无以计数的人都在求他放了这个孩子。<sup>②</sup>

她的证词，包括那个夸张的结尾，证明了整个事件既司空见惯又不同寻常的特性，这引发了强烈的情绪反应和大量各种各样的评论。

绑架事件发生的频率越高，它们越是能够被更好地理解。人们学会记录下细节，并以此来分辨出犯罪分子。人们通过每次发生的事件都会更清楚地了解犯罪分子采取的手段和可能出现的结果。但是警方的行动仍然是不可预料的、在秘密中进行的。通过口耳相传的谣言涵盖了以上所有区分受害者和敌人的必要信息。通过这种方式就可以创作出故事的梗概，不管它是真是假，这个故事都是人们熟悉的、信服的，单凭这个故事就足以激起反抗。例如，一个匿名的告密者报告了一则有关最后一次试图绑架的谣言，这则谣言发生在5月23日，正是这则谣言让拉贝丧命：

① A.N., X2B 1367, statements of J.-B. Feuchère, 27 May 1750; Marie Guérin, widow Geoffroy, 27 May 1750; Marie-Louise Pigeon, 27 May 1750; Garbiel Didier, 29 May 1750.

② A.N., X2B 1368, M.-J. Fouquet's statement, 22 June 1750.

有一名家具商与他的妻子和女儿住在罗亚尔宫门口附近。据说这个最后被人们打死的人在那天早上给了家具商的女儿一些钱让她去买一些樱桃。一名妇女目睹了这一场景，警告小女孩的母亲说这个人是一个绑架儿童的人，谣言就是从这里开始的，最终导致了这个人被杀。①

巴尔比埃提到了这则谣言，他本人对此并不相信，于是他作为这座城市专业的观察家，在提到这则"广泛传播的公众谣言"的时候，采用了"据说……"这种客观语式。

所有的证词都指出，有一些群体比其他人更容易散播谣言和小道消息。尤其是家庭仆人，他们通过在街上或窗边喋喋不休的谈话建立起了一个强大的信息网。妇女同样也特别相信这些小道消息。布吕塞勒经常提到妇女在任何一次事件中都是主要参与者。有一次，他听到她们在市场中"乱讲一通"，还有一次她们发出了"如此大的吵闹声"以至于他被迫释放了4名已经逮捕的年轻小混混。勒凯纳在人们发现他藏身于诺奈蒂耶尔街上的一个啤酒商那里之前，听到了一群妇女在小声抱怨，正是她们通知了街坊四邻跑过来抓住了这名当值警官。卢索警长也指出了妇女扮演的重要角色。他的密探报告说："那种认为儿童仍然被逮捕的观点在人群中日益流行，尤其是在妇女们当中。"妇女们强大的谣言传播网络甚至波及郊区，在5月22日，她们中的一群人在樊尚包围了两名"来自巴黎

---

① B.N., mss Joly de Fleury, 1101, fo.227. 关于谣言是如何使既有事实成为貌似有理的传言的，参见Steven L. Kaplan在Le complot de famine: histoire d'une rumeur au XVIIIème siècle (Paris, 1982)中的分析。

的儿童绑架者"。①

穆夫勒·达昂热维尔在事件发生30年之后进行了解释，他最终认为妇女在整个1750年的暴动中发挥了至关重要的作用：

> 一个利欲熏心、想要逃脱惩罚的警察，抓住了一名儿童，打算反过来向其母亲索要赎金。母爱的力量是伟大的。即使是在动物世界，最温顺的母兽在保护自己的幼崽的时候都会变得狰狞、狂暴，与之前截然不同。我们所谈论的这名妇女远没有被吓退，而是让她的呼喊声回响在周围的地区。有着同样担忧的其他母亲加入了她的行列，很快这就不仅是一名或两名儿童被绑架的事，而是上千儿童的事……是妇女最先在圣安东郊区引发叛乱的，它传播开来之后由男人接手，最终达到高潮。②

达昂热维尔解读事件的视角非常主观，强调了一些他认为重要的因素。他通过强调妇女的重要性和提到传统的母亲角色，极力降低整个叛乱事件的重要性。在以往情绪激动的骚乱中，妇女通常是受到注目的对象，因为她们面对警察的反击和司法镇压时表现得并不比男人逊色。达昂热维尔作为博肖蒙的秘密回忆录③的作者之一，十分清楚这一点。他坚持强调妇女的重要性，很有可能还提到

---

① 　B. Arsenal, Arch. Bastille, 10136, 22 and 23 May 1750.

② 　Moufle d'Angerville, *Vie privée de Louis XV*, II,p.420.

③ 　秘密回忆录全称为《从1762年至今为法国文人共和国历史提供的秘密回忆录》，记录了从1762年至1787年的各种事件，包括耶稣会被驱逐、高等法院的抗争等重大事件。回忆录托名作家博肖蒙所著，经后世学者考证，博肖蒙并不是真正的作者。他的秘书皮丹萨·德·迈罗贝尔才是真正的作者，迈罗贝尔撰写了第一卷，在1777年出版。在迈罗贝尔死后，穆夫勒·达昂热维尔继续编纂了其余三卷。——译者注

了其他因素。事实上很多证据都表明，妇女除了参与眼前的骚乱外，还在很多方面发挥了积极的作用。她们为"害怕被抓的小孩"提供藏身之处，"在警察局长面前申诉"，甚至发起请愿，抗议随意抓人并试图让贝里耶保证释放囚犯。①因此，妇女不仅仅只是传播谣言的人。她们经常用自己的方式处理事情，并且用实际行动表达自己的意愿。

妇女参与到其中很大程度上是因为这个事件涉及儿童，即使这些儿童不一定都是她们的孩子。年轻人在进行日常活动的时候在公众的注视之下被带走，这确实会引起她们的怀疑。弗朗索瓦兹·利诺特解释道："最痛苦的事情是，一个伪装成厨师的警察（这个警察是个臭名昭著的坏警察）告诉她，她的儿子参与的活动足以让他上绞刑架，这意味着她的儿子已经被公开打上了盗贼的烙印。"另一方面，玛丽-玛德莱娜·比才唱起了对一名小男孩的赞歌，"他在邻里间跑腿，在空闲时间做针线活。他被绑架了，整个地区都卷入其中了"。她把这个孩子描述成家庭和邻居都认可的好孩子，目的是突出折磨他的人的残忍。②所有的母亲都小心地向法官指出，她们在自己的儿子被关进监狱之后一直挂念着他们，有多么的担惊受怕。很多时候孩子被捕对一个家庭意味着损失一笔巨大的收入。很明显妇女们的抗议并不是一般人想象中的场景：一群泼妇朝着权威挥舞着手臂。她们的反应也不仅仅是出于母性的本能。妇女对于

① 参见 A.N., X2B 1367, 27 May 1750; ibid., Anne-France Cornet's statement; ibid., M.-M. Bizet's statement, 29 May 1750; ibid., F. Linotte's statement, 13 June 1750; ibid., M. Duperrier's statement, 2 June 1750.

② A.N., X2B 1368, F. Linotte's statement,13 June 1750;另见 A.N., X2B 1367, 27 May 1750; ibid., Bizet's statement, 29 May 1750.

这些绑架事件最愤慨的是它打乱了现有的社会生活。从这个角度而言，这些男孩在严格意义上究竟能不能算作儿童、人们是否认识这些男孩都不重要了，甚至这些男孩完全是陌生人也没关系。这些绑架造成的威胁在巴黎隐约地浮现，它更多的时候打破了社会的平衡，破坏了团结一致的社会网络，它触碰到了最重要的社会资源。儿童成了保卫集体认同的强有力的象征。

在18世纪中叶，一种关于儿童的新认识通过多种途径表现出来。这种认识不是在同时代知识分子的文学作品中出现的道德和教育问题的基础上形成的。它植根于一系列事件，这些事件反复发生，最终成了典型事例和具有象征意义的传说。某种程度而言，这些事例与20世纪70年代发生在法国的一系列儿童绑架案以及80年代发生在巴黎的一系列绑架年长妇女的案件有着相似之处。这些事件通常在某个特定的社会中引发恐慌。关于这些事件的传闻逸事不仅在记录者们可以预见的篇幅中十分丰富，而且警方还搜集了大量的传单和街头小道消息。

巴尔比埃一直以来都对人们当前的感受十分敏感，他的记录中就有很多事例。早在1734年，他就关注到一桩影响整个巴黎的丑闻："有15具或16具小孩的尸体出现在夏特莱的停尸间。其中的一具尸体只有3岁，其他的年龄更小，还有一些婴儿。这种场景吸引了大批群众，造成了普遍的恐慌。"各种传闻都传播开来。他们是被遗弃的孩子吗？这是一场大屠杀吗？最终证明，是一名医生为了"解剖研究"而将这些小孩的尸体放在一起。令巴尔比埃感到不安的是，在这个事件悬而未决的过程中产生了一种令人不安的怀疑气氛。甚至过去几个月之后，"人们还想着为如此残忍的场景复仇······"

在1749年3月发生了一件事，尽管场景不同但是引起了相同的反应。大约有40名来自老实人市场区的年轻女孩在参加为她们第一次圣餐礼做准备的教义问答课的时候，出现了呕吐和抽搐的现象。这种情况每隔两天就会发生一次，"这看起来非同寻常"。"有人注意到有一名老年女乞丐曾靠近这些女孩，从她的口袋中掏出一方手帕挥舞。那些没有染病的小女孩们说她们在周五看到过这个女人，她是一名女巫和投毒者。整个街区立即拉响了警钟。"恐慌必定迅速地在整个城市中传播开来，因为第二天"一名乞讨的妇女被看到在爬圣索沃尔教堂的阶梯，一名小女孩喊道：'她就是那个在圣厄斯塔什投毒的女巫！'这名妇女立即被两百名男女包围"。就在这时候，人们发现从"无害的"停尸房传来的毒气是造成这些儿童生病的罪魁祸首，但是当时怀疑的种子早就已经播下。

接下来我们将从恐怖故事转向一个童话故事。1749年，王太子和王太妃在诸多传言的名单上增添了一个新的故事。这对夫妇没有自己的孩子，他们都曾公开表示渴望领养一个孩子。王太妃想要一个男孩，而王太子更倾向于要一个小女孩。有一天他们从窗外望去，看见一名贫穷的木匠的妻子在凡尔赛的花园中带着5个4到5岁的小孩，这些小孩并不都是她亲生的。王太子看中了一个"身上沾满泥土、脏兮兮的小女孩"，说："这就是我想要的。"这名小女孩在梳洗打扮之后被带到了她的恩人面前。"她的到来使王太子重新开始忙碌起来。他说他会好好照顾她，让她接受良好的教育，并且为她起草了一份宗谱，因为上流社会的人落魄的情况并不是第一次发生了。他将她起名为图纳维尔小姐。"王太子随后将这个小女孩送进了圣日耳曼-昂莱修道院。巴尔比埃在总结这些王室"绑架"的美好童话时都会预言这些孩子会有一个美好的未来。虽然如此，这种行为本身只是另一种形式的绑架。

另外一个奇闻讲起来有些拗口。1749年年末的巴黎，大约在圣诞节前后，有一名"年龄在17到18岁、穿着考究、非常漂亮的"年轻女孩在神父做弥撒的时候出现在圣埃蒂安迪蒙。她看起来不知道要做什么，不知道什么是弥撒，甚至连神父和教堂都不知道。当人们问起时，她最终讲出了她的故事，她说"她一直以来都被囚禁在一栋房子里，她碰巧发现房门开着就逃了出来"。这引起了神父和警察局长的注意，她继续讲述着她生活中的细节。她和她的姐姐一直都被"时不时地虐待她"的父亲囚禁。她解释道，"她只能从她的窗外看到一名园丁，除了他之外，她没有看到过任何人，也没有和除他之外的人说过话。她的父亲和她的姐姐睡在一张床上，她曾经听她父亲说他要杀了她姐姐，然后娶她"。总而言之，她编造了一个启蒙时代所津津乐道的无辜少女的故事。自然而然地，这个女孩能够记得她是在4岁那年被绑架的。一周以后人们发现这位令巴黎人牵肠挂肚的女主角是一个江湖骗子。她是一名工人的女儿，希望以此来赢得某位贵族的宠幸。她的余生都留在索米尔修道院里，在忏悔中度过。

除了这些带有戏剧性色彩的故事，记录者们还忠实记录了很多日常的、琐碎的、针对儿童的暴力行为。在叛乱过后的6月份，一名妇女被鞭打并被打上烙印，原因是她引诱了一名5岁男孩，并把他破烂的衣服偷走。逮捕的消息在街上被大声宣扬，"这样做的目的是让人们及时了解有关儿童绑架事件的最新进展，尽管她确实与绑架毫无关系"。在7月份，一个名叫马蓉的老鸨接受了同样的惩罚，原因是"她绑架了一名10岁的女孩，并试图让她为一名贵族顾客服务"。这些事件单独看起来都是微不足道的，即使将它们作为一个整体也无法讲述出一个独特的故事，它们只是一些老生常谈的故事的变种而已。每个事件的特征都是有一名屈从于成人意志的儿童（这个定义本身又可以重新进行解读），无论是出于善意还是恶意，他们试图利用他或她来达成自己的目的。毫无疑问，正如巴尔比埃指出的那样，每个这种类型的故事都以某种方式创造出一些联系并且彼此相互呼应，这产生了新的思维方式。[1]

这些谣言不仅到处发生，而且一直在发生。记录者在评论发生在圣厄斯塔什的事件[2]时注意到，"这个目前仅限于一些人知道的事件很快就成了所有巴黎家庭都在严肃讨论的话题"。最终甚至牵涉到了国王、蓬巴杜夫人以及宫廷。当圣埃蒂安迪蒙的无辜少女被拆穿是一个骗子的时候，巴尔比埃写道，来自各行各业的人们都来询问她，包括一些上流人士，这个事件"几乎在整个巴黎"都成了一种谈资。事实上，巴尔比埃经常出现的一个主题是，这种类型的新闻或者对这类新闻的兴趣会逐渐超越社会的界限，强化所有阶层人民所熟知的信念。在1750年流传的诸多谣言中，最后一则谣言同时也是最重要的一则谣言，它是能证明这一点的最好例证。

---

[1] Barbier, *Journal*, t.II, p.37; t.IV, pp.356-8, 404-5, 407-10, 441, 448-9.
[2] 指前文提到的一些女孩在教堂前被一个女巫诅咒得病的事。——译者注

### 关于鲜血的传说

我们回到巴尔比埃的记述："一直有传言说，这些绑架儿童事件背后的原因是有一位患有麻风病的王子需要人的鲜血进行一次或多次沐浴才能治愈疾病。由于儿童的鲜血是最纯净的，他们被带走后会被从四肢上放血，随后他们将被献祭。人们对于这种行为感到尤为愤怒。"但是，他很快就不再提及这则谣言，而是对它进行了驳斥："没有人知道这个传闻是从哪来的。这种治疗方法是在君士坦丁大帝时期提出的，他本人不希望运用这种疗法。但是我们现在没有一个王子得麻风病，即使有，我们也不会采取如此残忍的治疗方法。"

在5月26日，达尔让松讲述了一个类似的故事，但是他暗指了国王："一直有谣言说国王是一名麻风病患者，正在像希律王那样用鲜血沐浴。"两天以后，蓬巴杜公爵夫人写信给她的兄弟旺迪埃尔公爵阿贝尔·普瓦松说："你一定已经听说了巴黎人的荒诞之举。我认为没有什么事情比相信有人想用他们孩子的鲜血来给一位患麻风病的王子沐浴更愚蠢的了。我耻于张口说他们连白痴都不如。"

在很多年过后，在1750年还是个孩子的装玻璃工人梅内特拉讲述了同样一个故事的不同版本："在当时到处都流传着一则谣言，他们正在绑架年轻男孩并且放他们的血。这些被绑架的男孩再也找不到了，他们的鲜血被用来给一位患病的王子沐浴。王子所得的这种病只能用人的鲜血才能治愈。"①

王子、公主还是国王，故事基本上都是相同的。但是，只有那4名记录绑架丑闻的同时代人才详细地提到了这个故事。另一方面，在后来的文本中，这个故事反复出现了其他版本。梅西耶提到它的目的只是进行驳斥。穆夫勒·达昂热维尔引用了它，但没有具体指明这位贵族患者的名字或性别。警察总长勒诺瓦在他的文章中提到了"一名年轻患病的王子"。在19世纪初，杰出的专家珀谢将这个故事收录进了他的《从警方档案中选取的回忆录》，他在这份回忆录当中肯定找到了一些我们不知道的消息。根据他的讲述，巴黎人认为这些绑架的动机就是恢复国王的健康。②

从这些证据当中只能得出一种结论：这个用鲜血沐浴的谣言与首都街头上流传的其他更加直白、不那么耸人听闻的解释，在某种程度上都握有一些我们永远无法确认的事。我们在官方的司法调查中没有找到这个故事的蛛丝马迹，这毫不稀奇。很难想象这些被告、目击者、警察，尤其是这些法官会愿意去触碰，哪怕是委婉地提及一则涉嫌亵渎君主的谣言。官方资料对其三缄其口证明不了什么，特别是因为这个故事并不是只出现一次的孤立事件而是反复出现的一系列事件，这意味着这个故事只是套用了那些熟悉的无稽

① Barbier, *Journal*, t.IV, p.423; d'Argenson, *Mémoires*, Bibliothèque Elzévirienne (Paris, 1857), p.331. ; *Correspondance de la marquise de Pompadour*, editor: Malassis (Paris, 1878), p.55. Eng. tr. *Lettres of the Marchioness of Pompadour from MDCCXLVI to MDCCLI* (T. Codell, London, 1772); Ménétra, *Journal de ma vie*, p.34.

② Mercier, "Tableau de Paris", II, XLVVII; Moufle d'Angerville, *Vie privée de Louis XV*, II, p.421; B.M. Orléans, Fonds Lenoir, ms 1422, fo.304; J. Peuchet, *Mémoires tirées des archives de la police* (Paris, 1838), t.II, p.127.

之谈。

在1733年，一则类似的、关于猜测王太子患病的谣言传播开来，这似乎并没有让人们信以为真。在1749年，一位访问巴黎的俄罗斯王子很明显地在自吹自擂地说他知道了"治愈可怕的麻风病"的奥秘。在接连的追问之下，他最终向几位重要人士透露了这个秘密。珀谢详细描述了此事："治疗的根本之处在于输入年轻人的鲜血。首先，将受害者的血放干净，然后将这些儿童健康的血液输入到患病者的血管中，被取血的儿童会因此死去。"一直以来都憎恨旧制度下统治阶级的珀谢甚至认为有人已经将这个秘密告诉了路易十五。

20年过后，这个故事改头换面重新出现在里昂。奥拉托利修会的所在地在猛攻之下被占领，人们指控这些教士藏匿了一位独臂王子，"每天晚上他们都会在学院附近抓一名孩子，割下他的一条手臂看看是不是适合这位王子"。我们是应当将这种荒诞之举看作是"愚蠢轻信的民众"的证明，还是将其视作是当时被驱逐的耶稣会会士组织复仇行动的证据呢？最后，同样的故事再次出现，时间倒转到1762年，两个陌生人给了芒特的一位刚刚生育的糕饼师傅一袋金币和一袋银币，因为"他们需要一个那天出生的孩子，这个孩子必须是女孩并且这位母亲只生育女儿，他们计划用婴儿的大脑和骨髓来让国王在一个月内死去"。除了钱之外，他们还许诺给她另外一个孩子。①

　　毫无疑问，这种反复出现的故事毫无意义。自然而然地，这些证词并不意味着这些野蛮行径真的存在，甚至不能证明散播谣言的人自己相信自己的故事。正如谣言在叛乱者的行动中所起到的作用那样，一个深层次的、不言而喻的真相试图通过谣言的力量形成并丰富起来。首先，这些谣言是从哪来的？绝大部分记录谣言的人将谣言归结为民众的轻信，这种轻信就足以引起他们的恐慌。还有一小部分人倾向于一种阴谋论，有人在背后主导逐步灌输恐惧。在19世纪，研究路易十五时期的历史学家卡普菲格本人作为一个理性主义者，对于这些"恶毒的想法"不屑一顾，他更倾向于认为是从英国和荷兰流入的小册子故意传播了这些危言耸听的谣言。他对于这种观点没有展开论述，我们也没有找到任何可以证明它的证据。②在这种情况下，原始文件没有提供任何答案，我们必须从谣言本身中寻找原因。

　　必须要明确区分的是，谣言存在于两个层面上。首先，大量的证词都表明，这些绑架等同于对无辜者的大屠杀。卢索警长在他前往樊尚的路上听到参与叛乱的妇女说过这些话。一名妇女"声嘶力竭地说这像是活在希律王的统治之下"。这个名字反复出现了几

① B.N., mss Joly de Fleury, 280, fo. 310; Peuchet, Mémoires, p.136; 关于里昂事件，见M. Garden, Lyon et Lyonnais au XVIIIème siècle (Paris, 1970), p.585-6, 关于莫雷尔·德·瓦莱里的研究，" Petite chronique lyonnaise, 30 décembre 1768"，Revue du Lyonnais, II, 1851, p.276; 还有一份档案藏于罗讷档案馆（C6,1768年12月28日），感谢马塞尔·高歇向我们指明，但是我们发现的时候为时已晚，已经无法运用；关于芒特事件，见Ravaisson, Archives de la Bastille (1762) vol.18, p.205.
② 我们向Christopher Hill求证了这个假设，他告诉我们他从来没有在17世纪英国文学小册子中发现这一说法。

次，国王本人也用它自我告诫："那些不怀好意的人把我称作是希律王。"①在这个城市中，冉森派教士已经布道四分之一个世纪之久，冉森派的教义渗透到了社会的最底层，这个《圣经》的典故几乎是无人不知。更何况现实中发生的事与经文中的预言几乎完全相符。熟知巴黎的冉森派狂热教徒的勒派热律师在一封信中对1750年的事件进行了评论。他用充满预言意味的语调宣称这些事件预示着一场大灾难即将到来："什么样的父母会如此铁石心肠以至于允许将上帝赐予他们的孩子从他们手中被夺走？但是我们会继续目睹更多这样的事。即将到来的事会比现在正在发生的事更糟。"他继续预测道："即将血流成河，我们现在已经看到了河流被鲜血染红……"②

这些关于大屠杀的预言必定在布道中或残忍的驱魔仪式中重复了多次，他们通过语言、动作以及自己感受到的痛苦，不停地提高他们解释的说服力，宣称国王背叛了人民赋予他的神圣责任。将国王与希律王相提并论最重要的后果无疑是将国王本人置于了谣言的中心。

谣言的另外一个重要方面是提到了为一位患麻风病的王子用鲜血沐浴的事，这个古老的故事引用了一系列相互交织的典故。③首

---

①　B. Arsenal, Arch. Bastille, 10137, Inspector Roussel's register, 22 May 1750; D'Argenson, *Journal*, t.VI, p.219.

②　Bibliothèque de Port-Royal, Le Paige collection, no. 515, fo.147 (letter to Madame Le Paige, 25 May 1750). 我们非常感谢Catherine Marie为我们提供这份资料。

③　参见 Saul N. Brady, *The Disease of the Soul. Leprosy in Medieval Literature* (Ithaca, London, 1974); 另见 Geneviève Pichon , "La representation médiévale de la leper", University of Paris III, 2 vols (Paris, 1979).

先，人们普遍将麻风病等同于一种罪恶状态。这种观念似乎在中东文明中尤为盛行，在《圣经》中反复出现了多次。《利未记》（13：1-7）中所举的关于纯洁与不洁对立的例子，与区分那些遵从上帝意志的人和违背上帝的罪人的理论结合在了一起。麻风病是对摩西的姐姐米利暗的惩罚，因为她造谣中伤她的兄弟；它也是对犹太国王奥济亚斯的惩罚，因为他试图篡夺祭司的权力；它也是对基哈西的惩罚，因为他出于贪婪而亵渎圣名。麻风病是罪恶的标志。希伯来的传统中不断强化这种象征性的关联。基督教的传统也做了同样的事，这反映在耶稣治愈了麻风病人，许诺给世人以属灵健康。从早期的基督教神父到中世纪的理论家，对于灵性的诊断强化了这种疾病在身体上的表现，正如在12世纪晚期的《罪恶法典》写的那样："每一个犯有不可饶恕的罪过的人都是一个精神上的麻风病患者。"

潜在的麻风病患者人数显著增加，因为无论是犹太教还是基督教，带领会众祈祷的人都在《圣经》中寻找这种理论的证明。大卫王强迫拔示巴与之通奸，为了娶她谋杀了她的丈夫，最后遭到了人民的唾弃。[《撒母耳记》（11：11-12）]希律王娶了他兄弟的妻子，也遭到了惩罚。[《马可福音》（6：17-18）]他们都是国王，在整个犹太教与基督教共有的传统中，麻风病是一种典型的王室疾病。迫害基督教徒的君士坦丁就患有麻风病，直到他皈依后才得到了神愈。无论是狮心理查还是圣路易都曾公然受到过这种疾病的威胁，尽管它看起来更像是一次灵魂审判，虔诚的国王路易告诉儒安维尔说灵魂审判比麻风病本身还要糟糕。罪人的等级越高，对他的惩罚就越可怕。这种疾病尤其是对那些违反上帝戒律或者不诚心改宗的国王的威胁。最后一个能够证明这个传统的人是路易十一，尽管他事实上并没有麻风病。他是一个残忍的坏国王，也是一个重病之人。他的故事记录在路易十四的耶稣会会士历史学家丹尼尔写的《法国史》（第一版出版于1696年，但是到了1755年已经出到了第13版）中。丹尼尔讲述了国王路易十一为了阻止他身体的衰老，喝下"从几个孩子身上取下的鲜血，希望治愈自己血液的痛苦，恢复以前的活力"[①]。

　　这种疾病有一种治愈的方法，但是说出来经常令人恐惧：人的鲜血。根据体液理论，所有类型的麻风病都与干热、潮湿的坏血液有关。[②]因此必须用寒冷、纯洁的血液来对抗这种疾病，麻风病患者必须用处女或儿童的血液进行沐浴。普林尼第一次描述了这种治疗方法在古埃及用来治疗象皮病，自此以后出现了很多例子。照顾狮心理查和圣路易的医生（犹太人）推荐使用儿童的鲜血。误以为自己得了麻风病的阿威罗伊似乎成功地使用了这种治疗方法。在12世纪晚期的德意志诗歌中，哈特曼·冯·奥厄将处女之血给予可怜的海因里希骑士作为治疗手段。此外，在一些版本的圣杯传说中，加拉哈德爵士和珀西瓦尔爵士被认为用处女之血治愈了他们遇到的患麻风病的女堡主。格林兄弟在19世纪初系统地搜集了这一主题，

---

　　[①]　G. Daniel, Histoire de France depuis l'établissement de la monarchie française dans les Gaules (1755 edition), t. VII, p.640. Eng. tr. by G. Strahan, The history of France from the time the French monarchy was esatablished in Gaul to the death of Louis XIV, 5 vols (London, 1726).伏尔泰批评了丹尼尔的著作，但是他在18世纪50年代写作的《风俗论》从丹尼尔的书中引用了大量材料。可这件事在《哲学通信》和《路易十四时代》中都没有提到。

　　[②]　关于这种疾病的描述，参见医生Théodoric de Cervia 于13世纪在布罗迪的发现，The Disease of the Soul, pp. 35-7.

它重新出现在民间、学院派、教会和世俗文学中。[1]君士坦丁的传奇故事是最有力的证明，也是最常被提及的例子。这位异教皇帝因为他的罪恶而被惩罚得了麻风病，他被人描述成用儿童的鲜血沐浴，正在这些儿童准备被献祭的时候，他突然向上帝敞开了心扉，上帝立即治愈了他并使他的灵魂得救。因此，鲜血是治疗的方法，但是要治愈就必须拒绝使用它。

当然，参与叛乱的人对于历史上或传说中的这些故事，以及更多类似的故事都是一无所知的。绝大多数的故事只有受过教育的人才知道，尽管一些人还提到了路易十一的传说，像巴尔比埃和梅西耶这样受教育程度最高的目击者看起来才是对君士坦丁的故事最熟悉的人。我们无法核实人们口中流传的是哪一个故事，哪些是这些典故之外的特例。最常提及的希律王表明，这些典故中的例证的重要之处在于为解释这些"迹象"以及指出现实世界中的罪恶提供了依据。但是，谣言的力量在于将这些知识的片段、真相、半真半假的说法以及所有这些典故混合在一起形成了一个完整的文化大杂烩。巴黎流传着这些故事，根据形势的需要随时进行调取。我们只能对这些观点的汇总做出假设，但是出现这种场景是合情合理的。当时这些谣言要表达的是什么呢？

麻风病本质上是一种灵魂上的疾病。正如很久以前发生在君士坦丁身上那样，它惩罚的是那些自高自大、缺乏信仰、不虔诚服从神圣意志的人。它同样也是一种精神上的病态，人们经常将它与黄

---

1　J. and W. Grimm, *Der arme Heinrich von Hartmann von Aue, herausgegeben und erklärt* (Berlin, 1815); 另见 P. Cassel, Die symbolic des Blutes und "*Der arme Heinrich*" *von Hartmann von Aue* (Berlin, 1882).

道十二宫中土星所代表的忧郁联系在一起。像忧郁症患者那样，麻风病患者经常陷入痛苦和沮丧之中。麻风病患者性情易怒、反复无常，无法抑制自己的欲望，对于性的渴求毫无节制。在1750年的法国，有一个人符合这些描述，尽管人们口中流传着这个人已经改变了宗教信仰，但他经常拖延真正的改宗。他对一切都感到厌倦，他看起来受够了无精打采的生活，这个人允许自己受最基本的欲望驱使以至于放弃了自己的职责和自己承担的使命。谣言已经不知不觉间指向了它的目标，各种困惑开始变得清晰起来。正是在此时，关于鲜血的传说让这个无名人士站了出来。他不是一名王子，也不是王太子，而是路易十五本人，他被视作是当世的希律王。

# 第五章　不受爱戴的人

　　从1750年5月27日到7月28日，由塞尔韦法官主持的调查持续了两个月，整个调查非常认真负责。这位法官大约调查了30件案件，其中包括那5名执法的警官。他还在6月11日前从56名目击者那里搜集了证据，在这之后的数周时间里又进一步从169名目击者那里搜集了证据。在整个漫长的调查过程中，谣言的势头依旧不减，因为尽管司法程序在全速运转，但它们都是在闭庭状态下进行的。整个城市都在等待着最终决定，他们希望得到公平的结果。到了7月中旬，当调查看起来已经完成的时候，高等法院决定推迟两周宣布判决。毫无疑问他们这样做的原因是怕引发公众骚乱，但是这个拖延的决定只会使得形势更加紧张。在8月1日，审判结果最终公布了。

　　调查依法承认了警方存在滥用职权的行为，自此以后贝里耶的这套手段被禁止使用。法官们还裁决当值警官或军警逮捕的任何人都应当立即带到最近的警察局长那里，然后由他在启动司法程序或者决定对某个案件采取合理行动之前审查证据并详细审问嫌疑人和目击者。这样做没有丝毫创新之处：它只是回归到了通常的那一套做法。虽然它没有明确地将责任归结给警察总长，但是它承认了那些反抗贝里耶的做法的人是合情合理的。但是，法官们做出的这些惩罚表明，绑架儿童并不是他们关注的焦点，他们最先考虑的是惩罚公众反抗权威的暴动。这一点从不对等的惩罚中就能充分体现出来。警察勒勃朗、布吕塞勒以及当值的警官当居西、法永仅被处以象征性的惩罚。他们在高等法院的大厅"跪着接受训斥"后，每个人都被罚款3里弗，"用来支付关押在贡西尔日里监狱的犯人们的伙食费"。这个惩罚最起码承认了这些人有罪，或许足以安抚公众的情绪，但是对于3名叛乱者严厉的判决抵消了这个结果：他们都被判处绞刑。法庭很清楚地知道这个判决很难被接受，因此判决是在警察和军队的重重保护之下宣布的。

达尔让松充满讽刺地评论道："真是小题大做。高等法院对绑架儿童进行了长时间艰难的调查，如此声势浩大的调查的结果是没人希望看到的：将一个孩子送上绞刑架，应该上绞刑架的是那两名警察。"[1]达尔让松有一点搞错了。那些被判处绞刑的人当中最年轻的一个也有16岁了，而且他确实应该被绞死。夏尔·弗朗索瓦·于尔班是一名已经在北赛特勒监狱坐过牢的少年犯。他"因为在夜间四处游荡而臭名昭著，在凌晨3点之前不回家，他身上经常挂满鼻烟壶和金表，这些东西他只有盗窃才能得到"[2]。于尔班宣称为他父亲工作，他父亲是圣日耳曼区的一名二手服装商人，他买卖破旧衣服和小摆设，有时也从事盗窃。在邻里间声名狼藉的他很容易在5月22日德拉卡兰德尔大街的动乱中被人认出来，他当时显然试图放火烧掉警察局长德拉福斯的住所。在圣米歇尔桥，他在商店抢夺武器失败的时候再一次被认出来。他被指控犯下的罪行非

---

① D'Argenson, *Journal*, t. VI, p.239.

② A.N., X2B 1367, interrogations of Charles François Urbain, 29 May, 11 June and 15 July 1750.

常严重，但事实上他主要被自己的声名所累，没人出来为他辩护。他还因为自己激进、口无遮拦的说话方式付出了代价。他向一名中士的妻子玛丽·夏洛特·杜瓦尔投掷石块，并对她挑衅地说警察镇压叛乱软弱无力，"杀一个警察也不会被绞死，甚至不会被鞭打或打上烙印，只要付50法郎就够了，就是一匹驿马的钱"。①这种大逆不道的挑衅言论只会让法官充满愤怒而不去关心他实际上干了什么。

另外两名被判刑的人性格不是这么鲜明。让－巴普蒂斯特·沙瓦是一名24岁的搬运工人，他离开萨伏伊的家庭来到首都。他被指控在5月16日动乱的多个场合出现，但是他一一否认，这可能使得对他的指控更加严厉。让－巴普蒂斯特·勒博同样也是24岁，他是一名煤炭搬运工，这是一个通常被认为容易惹是生非的职业。他被指控参与叛乱，煽动群众对抗卫队并且打断了一名阻拦他的警察的腿。他的案件变得进一步复杂起来，因为他本人曾经当过几乎一整年的卫队士兵，他的档案是唯一一个值得深入挖掘的。②

显而易见的是，高等法院想要杀一儆百，勒博和他的两名同伴不幸被选中。在城市中勉强维持生存的流动人口当中，这部分男人和男孩最有可能成为替罪羊。法官们显然是希望通过这些严厉的惩罚来震慑住那些参与叛乱的人，但是他们又通过某种程度上的酌情处理缓和了这种严刑峻法。其他所有被指控的人被直接释放，没有一个参与5月23日事件的人被拘留。在宣判的那天，叛乱者对于警

---

① A.N., X2B 1368, Maire Charlotte Duval's statement, 20 June 1750.

② A.N., X2B 1367, interrogations of J.-B. Charvat, 22 July 1750 and J.-B. Lebeau, 14 July 1750.

察的不满达到顶点，很多目击者都在法庭前围观，即使在这个最具争议的时刻叛乱者也没有选择回避。问题是，这种谨小慎微的决定会不会引发进一步的动荡呢？

这个判决立即引发了抱怨和不满。人们希望王室能够纠正这个判决，但是他们白白等了两天也没有得到宽大处理的表态。8月3日，处决在沙滩广场上进行，大量部队在场护卫。当行刑的时刻来临时，人群中开始出现骚动并试图解救这些被定罪的人，但是没有成功。进行这些处决的目的十分明确，就是让人们知道谁才是这座城市的秩序掌控者。巴尔比埃明确地证实了这一点：

> 当这位煤炭搬运工被送上绞刑架时，广场上所有的人都在喊放过他。这时候刽子手停下了，允许这个罪犯往下走了几级台阶。其他两个罪犯看到这一幕内心燃起了一丝希望。就在这时守卫走上前来，无论是骑兵还是步兵都装上了刺刀，在广场上四处走动逼退了人群，一些人在这个过程中受伤了，他们还将几个人从其他人的头顶上推了出去。处决正常进行。在沙滩广场上的人群发现自己被武装的士兵包围的时候显得惊慌失措，他们沿着佩莱蒂耶和费阿耶码头向新桥的另一端仓皇逃窜。这表明只要略施惩罚，巴黎人民是很容易被控制的。[①]

秩序重新恢复了，但是这个事件还没有最终尘埃落定。达尔让松和巴尔比埃在谈到事件的结局的时候都说，"不仅在底层人民之间引起了恐慌，上层市民也是如此"。这个判决很显然是不受欢迎的。总体的感觉是，高等法院不能在承认绑架背后事实的同时又对

---

① Barbier, *Journal*, t.IV, p.445.

那些作恶者施加如此轻微的惩罚，因此人们心照不宣地认为他们一定掩盖了那些最具毁灭性的证据。按照同样的逻辑，这些被行刑的人一定是无辜的。尽管巴尔比埃害怕群众叛乱，但他仍然宣称"这些处决对于那些被绞死的人的家人来说并不是耻辱"。①几天以后，煤炭商人行会为勒博的灵魂举行了弥撒，尽管有警方间谍在监视，他们仍证明了他们的组织是团结一致的。②警察的力量是不可相信的，高等法院实际上对它也不信任。但是在进行悼念的那几周时间里，另外一个被认为需要承担一些罪责的人开始出现。到目前为止，这个人的名字只在这次事件中无须承担任何责任的时候提到过，现在他走到了风口浪尖上。在1750年夏天，达尔让松十分惊喜地发现人民已经不再爱戴他们的国王了。

尽管达尔让松宣称自己是第一个发现人民对国王感到幻灭的人，事实上这个传闻很久以前就有了。米什莱在他的《法国大革命史》序言中认为这种感情上的反转出现在18世纪中叶："作为上帝形象的国王成了令人恐惧的对象。君权神授这一不言而喻的公理永远消失了。"尽管不像米什莱那样大加渲染，很多历史学家都认为，1744年国王在梅斯生病的时候举国上下弥漫的那种情绪代表了人民最后一次对他们"深受爱戴"的国王感同身受。但是在现实中，不满的怨言早在那以前就开始出现了。

人们最初热情洋溢地欢迎路易十五继位，欢庆他的成年礼以及他的婚姻，这种热情一旦消退了，对他和他周边的人的各种谣传就

---

① Barbier, *Journal*, p.456.
② 他们在9月重新聚集起来，这次他们团结成一个整体；见D'Argenson, *Journal*, t.VI, p.259.

开始。尽管风起云涌的摄政王时期已经完全清除了路易十四晚年压抑痛苦的记忆，这位"太阳王"的曾孙现在似乎可以与路易十四年轻的时候相提并论——正是这种比较使得现在的国王总是显得相形见绌。路易十五因为他软弱的性格而饱受批评，尤其是他懒惰的天性。"懒散"一词经常出现在警方进行的公众舆情调查报告中。弗勒里甚至被指控为了更好地确保自己的地位而鼓励国王骄奢淫逸。年轻的国王看起来无法成就伟大："历史将不会记述他像他曾祖父那样与全欧洲的国家开战，而是记录他只对鹿开战。"[①]

路易十五看起来对除了私人娱乐之外的任何事都不感兴趣。他只关心满足自己欲望的事，甚至不履行传统君主这一角色所承担的义务。他拒绝向患淋巴结核的人进行国王的触摸，并且很快不再参加复活节的圣餐礼。他让自己脱离这些微不足道的、象征性的仪式，这些仪式是法国国王和他的人民之间仅存的共有联系，路易十五假装对此视而不见。当王后于1728年来到位于巴黎的圣热纳维耶芙的圣迹前为王太子的出生祈祷时，人们对于她不得体的衣装感到十分震惊。"人们说她或许应该待在凡尔赛，她至少应该像上一个王后和路易十四经常来这里那样亲自走到教堂。"还有人抱怨国王向穷人扔救济品的时候过于吝啬，"国王太喜欢钱了"。在同一年，在凡尔赛举行的庆典中，有一次是为了庆祝国王痊愈，老实人市场的女鱼贩站在国王住所的门前，特意前来表达她们传统的对于国王的敬意，但路易十五没有接见她们。当这些妇女返回巴黎时，她们回想起"上一个国王路易十四总会赏脸让她们进去"。

---

[①] B. Arsenal, Arch. Bastille, Gazetins de la police secrète, 10158, September 1728.

路易十五不仅懒惰自私，而且很快因为他对于痛苦的冷酷漠视而遭到批评。据传他的一名瑞士卫兵强奸了一名9岁的女孩，最后被判处死刑。路易十五只是把这个人开除出了卫队，没有再理会这个小女孩父亲的请求。[①]还有很多传言说他对待自己的孩子以及身边的人都非常苛刻。"有些人甚至说国王已经性情大变，他随着年龄的增长而变得越来越容易动怒。显然，即使是亲生的王子也难以接近他。"[②]这种无法触及的帝王之风并不是路易十四那样的至高无上的权威，而是一个软弱、不成熟的人的反复无常。有什么事能够触动他的情感吗？"他们都在说国王对于生活漠不关心，他没有感情，甚至没有一颗高贵的向善之心，他甚至得意地告诉任何靠近他的人说他唯一的乐趣就是消遣他们。"[③]

以上反对路易十五的言论只是警方间谍在他即位初期从巴黎街头搜集到的少数例子。与通常表述相反的是，这种敌意不单单只是来源于宫廷圈子或者某位在政治上失意的贵族。告密者在街头、在酒馆、在教堂的走廊以及在市场之中都能听到这些言论在传播。这不只是一种短暂的抱怨，而是一种持续增长的不满。在警方上呈的报告中，这些日积月累的细节构建起了一个不受欢迎、"懒惰"的国王形象。

在18世纪40年代，对于路易十五不满的怨言在内容和形式上都

---

① B. Arsenal, Arch. Bastille, Gazetins de la police secrète, 10158, August 1728.

② Arch. Bastille, Gazetins, 10159, August 1729.

③ Arch. Bastille, Gazetins, 10161, 8 February 1732.

发生了变化。[①]他性格上的缺陷变得更加固执，他在公众面前的行为举止令人震惊。在18世纪30年代初，路易十五就开始了他漫长的风流史。他没有因为特别宠爱情妇、冷落王后而遭到指责，毕竟他的曾祖父曾经公开做过这样的事，他受到指责的原因是他的荒淫无度。据说他受自己感官欲望的驱使已经达到了藐视基本的伦理道德的程度。例如，他最初的三个情妇是三姐妹，她们轮流受宠并且她们三个人都在很年轻的时候死去。在一些人看来，她们的死是对国王这种乱伦行为的惩罚。他毫无节制的性欲甚至让人怀疑他"喜欢男人，他的卫队是专门挑选出来满足他的特殊癖好的"。有一些人抱怨说"国王没有成就伟大的野心，而是懒惰昏庸，他在这个年龄应该开始独掌大权"。还有一些人憎恨国王的情妇参与国家事务的方式以及她们在国家事务中扮演越来越重要的角色。1745年受宠的蓬巴杜夫人成了憎恨的焦点。这位侯爵夫人在政治上扮演的角色，她为自己家人和朋友谋求的好处，以及她与金融界的密切关系都成了一个拒绝实行善政、昏庸的国王的有力证明。她被指控通过投机小麦为自己牟利；在18世纪多次出现的关于饥荒阴谋的谣言中，她总是与最具说服力的那一种解释联系在一起。国王本人在当时没有在其中遭到诽谤诋毁，而是那个看起来取代国王进行统治的女人遭到了公开的质疑。[②]国王的情妇是大量下流诽谤性文字、歌曲和海报攻击的目标，它们当中的一部分偶尔会传到路易十五那里。巴尔比埃在1749年6月记录道："他们说三个星期以前出现了一些关于

---

① 参见 D. Van Kley, *The Damiens Affair and the Unraveling of the Ancien Régime, 1750-1770* (Princeton, 1984), pp.226-65.

② S. L. Kaplan, *Le complot de famine*.

国王的佞人听闻的诗歌；还有一些人说这些诗歌讲述了他的风流韵事。正在对这些作者进行严厉的搜捕。"①

在这些年当中，不断增加的批评公开采用了政治上的表述并且得到了一些强有力的支持。冉森派危机在18世纪中叶成为头等大事，冉森派构成了猛烈抨击的公众舆论核心，他们质疑的不仅仅是作为个体的国王，而是整个君主制的根基。这些观点以手抄传单的方式在巴黎的各个布道坛之间流传，一个叫"新教士"（Nouvelles Ecclésiastiques）的地下媒体传播着这些观点。20多年来，对于一个不公正、不虔诚的国王的指控已经刻在了所有等级的巴黎人的脑海里。有时候这种不满用诗歌的形式、充满启示的论调表达出来，还有些时候他们采取赤裸裸威胁的方式，正如一名狂热的冉森派在1750年谩骂道："邪恶的国王，你的末日就快到了！你将在你的权杖下毁灭，你和你的妓女们都将不得好死。"在这一年以前，一首流传的诗歌开头这样写道："复活吧，拉瓦利克②的灵魂！"国王听到这首诗后说："我知道我注定会像亨利四世那样死去。"③

毫无疑问，这些隐晦的宣言最终在1757年达米安行刺国王未遂之后成了现实，除此以外，冉森派的抗争产生了一个公众舆论的空间。④引起公众关注的不是关于宗教、政治或者某一道德方面的话题，相反，正是这些话题之间缺乏明显的界限才使得那些资质一般

---

① Barbier, *Journal*, t.IV, p.377.

② 1610年5月13日，狂热的天主教徒弗朗索瓦·拉瓦利克刺杀了国王亨利四世。——译者注

③ D'Argenson, *Journal*, t.VI, p.15.

④ 这个问题是由J. Sgard在一部未出版的著作中提出的，感谢他把书稿发给我们查阅；他即将出版的著作是《公共舆论的诞生》。

却喜欢高谈阔论的人有了发挥的空间，并且使他们的观点通过口耳相传的方式迅速传播。关于普遍问题的争论可以用于很多不同的冲突之中。同样的一套观点可以用来表达高等法院的要求，迫切要求保护自身特权的教士的抗议，以及不堪税收重负、饱受饥荒威胁的人民群众的怒火。

一种充满敌意的气氛在短短几年的时间里就形成了。这种气氛充分体现在一名警方雇佣的记者报道国王在1748年11月返回首都时民众冷漠的情形上：

> 巴黎人没有像想象中的那么喜悦；只有国王的车队在高喊"国王万岁！"没有人从窗边出来说一句话。有一件事是肯定的，我们在夜里11点钟到达杜伊勒里宫的时候，没有一个人留在王宫里或街上。好象国王没有来过一样。除了几个喝得醉醺醺的酒鬼，没有人在晚上聚集在人行道上。

国王与巴黎之间的对立是相互的。达尔让松欣然地记录了这些日益不满的迹象。人们在对路易十五暗中抱怨，路易十五也知道。警察向首都街头派出间谍打探消息，这更加激化了人们的反抗情绪，报告给国王的是普遍的敌意。达尔让松非常清楚这是怎么一回事，他写道："国王表现出他不喜欢这座美好的城市。我不知道这是为什么，除非是因为警察总长经常报告说巴黎人民说陛下的坏话，创作下流的歌曲，以及对于陛下的统治方式有各种各样的抱怨。"[1]这种探听只会加深国王与巴黎之间的间隙。路易十五不再喜欢到巴黎来，并且人们认为他在这个已经被他遗弃的首

---

① 　D'Argenson, *Journal*, t.VI, p.152.

都周围增加行宫的数量并不因为是蓬巴杜夫人的请求。这些花费令人憎恨，这首先应当被看作是国王与巴黎的关系已经破裂的标志。人们嘲讽道："你拜访了舒瓦西和科雷西，为什么不去圣丹尼①呢？"

在这种情况下，1750年5月叛乱中表达的敌对情绪看起来出奇地克制。威胁和辱骂的主要目标都是警察，很少提到国王。玛格丽特·伯努瓦是一名马刺工匠的遗孀，她本人是一名服装商人，她在蒙马特大街上遇到了一个叫布歇的人，他滔滔不绝地向在酒馆里的所有人说道："贝里耶和负责刑事案件的中尉都是笨蛋，如果事件进一步发展下去的话，老实人市场的女鱼贩们很有可能走到国王面前抓住他的头发。"②卢索警长在叛乱发生后的一天搜集了一切他可以听到的信息，他报告了一名水果商人的大放厥词，他公然说道："有一个好主意，先去袭击两名负责刑事和治安的中尉，再去凡尔赛废黜国王。"③安托瓦·塞维尔此前是一名抢劫犯，后来成为普索警长的密探，他在5月13日在胜利广场附近的一个酒馆中偷听到有人说："在老实人市场的妇女们会一同前往凡尔赛废黜国王，把他的眼睛挖出来，然后她们再回到巴黎杀了负责刑事和治安的中尉……"④

无论这些富有煽动性的宣言听来有多么耸人听闻，都没有必要对其进行深入的解读，重要的是，在1789年10月5日那天有另外一

---

① 圣丹尼区是王室墓地的所在地。——译者注
② A.N., X2B 1368, information given by Marguerite Benoist, undated.
③ Arch. Bastille, 10137, Inspector Roussel's register, 26 May 1750.
④ A.N., X2B 1367, interrogation of Antoine Severt, known as "Parisien", 9 June 1750.

群妇女仿效这种做法朝着凡尔赛进发了。毫无疑问，在叛乱的那些日子里还有很多类似的表述，但是它们不能代表当时抗议声中最主流的观点。如果这些观点确实是主流，警方必定会报告更多反抗王权的主张，这是警方希望看到的，因为这样一来公众攻击的对象就不是他们而是国王。

群众反对绑架儿童者的怒火威胁到的不是王权的统治机构，而是路易十五本人，他缺乏传统上国王应当具备的统治才能。他不是一位强有力的国王，只是一个向自己子民开战的国王。据说路易十五"厌倦了工作，他让一个女人来进行统治"。有人曾经建议他在各个省之间进行一次大巡游，通过这种象征性的方式再重新赢得人民的信任，但是他没有这样做。[①]他也不是一位伟大的国王，这个倦怠的人像女人一样软弱无力，对他来说所有的事情都是令人厌烦的，他带着这份忧郁从一个城堡走向另一个城堡，他试图在凡尔赛正式的公共场合上表现出像一个人在私底下生活那样。他更不是一位乐善好施的国王，尽管他"不再知道用自己所有的钱还能够做什么"。他是一个挥霍无度、无比吝啬的人，他榨干了他的臣民的最后一滴血汗，在进行救济的时候却斤斤计较。更重要的是，路易十五作为国王不再是生活的象征。他没能在神秘的圣餐之中展示他的王者风范，他没有施行他一直以来都具备的治愈能力，厄运和死亡经常伴随着他。一个父亲不但不爱他的孩子们，反而吸取孩子们的血汗。我们无法准确知道有多少人相信这位当代的希律王正在屠杀无辜者来使自己变质的血液获得重生，实际上，这个数字无关紧要。对于那些用心倾听的人来说，这种传言到处都有。这位国王已

---

① D'Argenson, *Journal*, t.VI, p.135.

经不再是一位真正的国王了。

尽管如此，这次叛乱绝不是一场革命。尽管1750年的事件没有造成直接的后果，但7年以后达米安的出现意味着这件事并没有被遗忘。[①]这次叛乱是国王与人民走上对立道路的一个重要里程碑，它使国王在接下来的数年里远离了他的臣民。不偏不倚的巴尔比埃和带有强烈个人主观色彩的达尔让松都谈到了这种"特别的反感"。路易十五公开表达了这种敌意，他说："好吧，为什么我要出现在将我称作希律王的、充满恶意的一群人面前呢？"为了惩罚巴黎人，或许也是出于自身安全的考虑，他决定不再经过首都。在6月份，他想从凡尔赛前往贡比涅，他在布洛涅森林修了一条路，这就是著名的"叛乱之路"（Le chemin de la révolte）。[②]

巴黎人的应对措施则更加巧妙。除了经常散播不满的谣言外，他们还通过拒绝参加任何有关王室的庆典来表达他们的敌意。在夏天，苏比斯亲王为了向国王表示敬意准备进行一次烟火表演，但是被大风搞砸了。巴尔比埃评论道："这些失败超越了人们的权力和财力。"他很有可能在肆意地进行一贯以来的道德批判，谴责这种炫耀性的铺张浪费。在8月26日，王太妃只是生了"一个女儿"。"在荣军院和市政厅都鸣放了礼炮，在7点30分，市政厅灯火通明，但是在巴黎没有任何欢乐、喜悦的迹象。"4天以后举行了另一场庆典。达尔让松写道：

　　一个从凡尔赛回来的人说那里的人勃然大怒，因为民众对

---

① Van Kley, *The Damiens affair*, pp. 37-8.

② Barbier, *Journal*, t.IV, p.440; D'Argenson, *Journal*, t.VI, p. 218. 另见 *Correspondance de la marquise de Pompadour*, p.59 (15 June 1750).

为了庆祝王太子女儿诞生而举行的烟火表演和灯会反应冷淡。他说几乎很难说那里有什么观众，他们一直都默默不语。人民对于他们的主子已经不抱任何幻想。没有什么事比这更加可悲的了。①

民众的情绪冷漠而悲伤。他们这一次冷淡的反应与王室庆典的铺张浪费毫无关联，这表明这些通常用来增进国王与人民之间联系的仪式已经失去了作用。他们不打算再这样继续下去了。这些庆典以及人们冷漠的反应并不是无足轻重的事。民众拒绝国王的恩赐意味着他们之间的联系已经不复存在。

又一年过去了。在1751年9月，一个孩子再一次激化了这种相互疏远的关系。这一次王太妃生了一个男孩。一位继承人的出生是一件大事，它证明王室香火旺盛并且确保了王权的持久延续。但是这种幻想不可避免地被打破了：

> 我一直以来都非常确信民众一定会对布尔戈涅公爵出生举办的庆典充满不满而不是喜悦。商店被责令歇业三天，但是没人加以理会。民众被要求点亮他们的房屋，即使进行如此多的罚款也无济于事。当国王前往巴黎圣母院的时候，只有几个收了钱的无赖在喊"国王万岁"。正因为如此，国王没有像之前承诺的那样前往市政厅。②

在1866年，米什莱写道：

---

① Barbier, *Journal*, t. IV, pp.465-6; D'Argenson, *Journal*, t.VI, pp.250-1.

② D'Argenson, *Journal*, t.VI, p.474.

人民的心情十分沉重。天空中乌云密布。尽管这只是5月，已经有了干燥、寒冷的北风。可怕的动乱一触即发。当贝里耶前往凡尔赛的消息传来时，群众前往宫廷去等他。一些不耐烦的人喊道："去凡尔赛！"还有一些人喊："我们烧了凡尔赛！"事态愈发严重。

在宫廷中则充满了恐惧。刚开始什么也没说，然后他们说"没事了"。这时候蓬巴杜夫人启程去看望她的女儿并且与一位朋友去巴黎赴宴。她的朋友帕尔告诉她："夫人，不要去！不要去那里赴宴，你会被撕成碎片的。"她说完就逃跑了；蓬巴杜夫人飞速逃离，闷闷不乐地返回凡尔赛。在这过程中都在担惊受怕。

在5月23日，事态进一步恶化。在王室卫队和一整支军队的保护之下，他们仍感到瑟瑟发抖，在途经的塞夫尔桥和默东都部署了卫士。

有人说巴士底狱已经被攻占了，10月6日，饥饿的游行者们正在行动。凡尔赛陷入恐慌之中。依附于国王的妇女们紧紧地围绕着他。他必须取消前往贡比涅的行程，让他与他的士兵待在一起，由他的王室卫士保卫着他。他们接受了她们的请求：国王不会出发。突然，他改变了注意，这是一个可悲的决定——行程不变，秘密出发。他在拉莫特休息了一晚，在黎明前绕过了巴黎的边缘之后像逃亡一样突然逃离。他充满怨恨地说道："为什么我要看把我叫作希律王的人民？"巴黎人民说："这是蔑视吗？这是恐惧。"如此一来，所有的事情都会激发人们的愤怒，国王与人民之间已经决裂了。

　　这是一篇好文章，但是充满了谬误，因为它做的所有预言都是后知后觉的。这位爱好预言的人不惜一切代价想要将1750年的暴动看作是法国大革命的预演。这是一个错误。如果两者有任何相似之处，那也是在1789年的事件中找到了过去动乱的影子。1750年的叛乱并没有预示着未来，它反抗的是国家不断介入干涉人们的日常生活，虽然它的方式老旧，时间短暂，仍不失是一次英勇的反抗。它释放出来的恐惧毫无疑问影响到了宫廷，但是它并不是像达尔让松认为的那样是一次革命根本上的开端。这次叛乱为以下这种古老而熟悉的观念提供了反面例题：联系国王与他的臣民之间的纽带必须是爱戴和忠诚。尽管这个观点可以相互颠倒，它还是延续了此前熟悉的那一套表述。米什莱并没有完全误解。这次绑架儿童事件只是整个18世纪叙事中的一个小片段，但是它标志着一次重要的态度转变，人们直到这时候才开始认识到这种转变。暴力和恐惧带来了一个新的令人震惊的事实："人民已经不再爱戴他们曾经如此珍视的国王了。"

# 译后记

　　《谣言如何威胁政府：法国大革命前的儿童失踪事件》这本书尽管篇幅小，但却不简单。本书出自阿莱特·法尔热和雅克·勒韦两位法国著名历史学家之手，阿莱特·法尔热是法国国家科学院的主管（CNRS），任教于法国社会科学高等研究院（EHESS），主要研究18世纪法国底层人民的社会史，她著述颇丰，代表作有《18世纪巴黎的街头生活》（*Vivre dans la rue à Paris au XVIIIème siècle,* coll. *«Archives»,* Gallimard,1979）、与米歇尔·福柯合著的《混乱的家庭：巴士底档案中的密札》（*Le désordre des familles. Lettres de cachet des Archives de la Bastille* ,coll. *«Archives»,* Gallimard, 1982）、《脆弱的生活：18世纪巴黎的暴力、权力和团结性》（*La Vie fragile. Violence, pouvoirs et solidarités à Paris au XVIIIème siècle,* Hachette, 1986）；雅克·勒韦曾经在1995年至2004年担任过法国社会高等研究院（EHESS）的主管，主编过《阶层游戏：对于经验的微观分析》（*Jeux d'échelles. La micro-analyse à l'expérience.Paris, Le Seuil-Gallimard*, 1996）。

　　这本书的特点是以小见大。两位作者充分挖掘和利用警方档案、审判记录、新闻报道和回忆录等资料，将一个"几乎不可能讲述的"故事完整叙述出来，用1750年巴黎的儿童失踪这一件小事反映了当时公共秩序、谣言的传播、群体的行为等大问题。法国大革命中的群众一直是历史学家关注的主题，以古斯塔夫·勒庞为代表的19世纪学者强调群众非理性的一面，将其称为"乌合之众"，到了20世纪60年代，以乔治·鲁德为代表的历史学家转而通过分析群体的社会构成和等级，试图寻找群体行为合理的一面。法国大革命前的群众究竟是不是像米什莱所说那样，是和大革命时期一样的"乌合之众"？本书的两位作者的分析不同于前人，他们通过档案还原了事情的经过，在还原的过程中厘清了群众的理性举动和非理性行为的形成过程，谣言在这一过程中起到了重要作用。谣言之所以传播迅速，是因为人们的头脑中多多少少都有谣言的影子，在本书中，人们对儿童被逮捕送往殖民地的愤怒、对于无孔不入的新警察制度的恐惧和用儿童鲜血治疗患麻风病的王子的传说结合在一起时，就形成了一种看起来合理并且符合人们头脑中对于当前事件的解释，此时的谣言已经成为了一种"深层次的、默认的事实"。

译者在翻译过程中得到了浙江大学"双一流引导专项"的支持，同时，本书是浙江大学中央高校基本科研业务费专项资金资助项目"法国启蒙运动和大革命研究青年创新团队"的阶段性成果。在此向浙江大学历史系董小燕教授、吕一民教授、张弛老师和浙江大学出版社谢焕编辑表示由衷的感谢！

杨 磊

2016年冬于浙江大学西溪校区北园